T0266579

INFOMANÍA

CURIOSIDADES, CLASIFICACIONES Y RÉCORDS ALUCINANTES

ANAYA

Publicado originalmente en 2015 por Wayland,
un sello de Hachette Children's Group,
parte de Hachette UK.

El material de este libro fue publicado originariamente en las siguientes obras:
Infographic Top 10: Record-breaking Buildings,
Infographic Top 10: Record-breaking Animals,
Infographic Top 10: Record-breaking Earth & Space,
Infographic Top 10: Record-breaking Humans.

Series originales producidas por Tall Tree Ltd.
Diseño interior: Alyssa Peacock
Diseño de cubierta: Graham Saville
Consultor editorial: Hayley Fairhead
Editor: Corinne Lucas

Primera edición: marzo 2019
ISBN: 978-84-698-4824-1
Depósito legal: M-32167-2018

Impreso en Malasia - Printed in Malaysia

CONTENIDOS

‹‹ ·····························› ››

CONTENIDOS

BIENVENIDO

Este libro analiza los récords más alucinantes del universo: del animal más letal a la estrella más cercana, del edificio más alto al humano más rápido. Con la ayuda de iconos, gráficos e imágenes, descubrirás hasta dónde llega el ser humano y datos increíbles del espacio y la naturaleza.

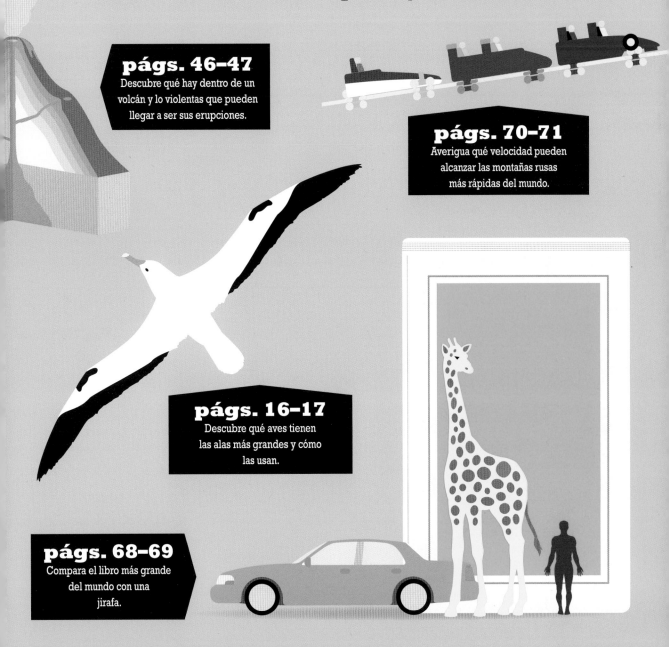

págs. 46–47
Descubre qué hay dentro de un volcán y lo violentas que pueden llegar a ser sus erupciones.

págs. 70–71
Averigua qué velocidad pueden alcanzar las montañas rusas más rápidas del mundo.

págs. 16–17
Descubre qué aves tienen las alas más grandes y cómo las usan.

págs. 68–69
Compara el libro más grande del mundo con una jirafa.

VELOCIDAD EN TIERRA

Algunos animales han desarrollado la capacidad de correr con una rapidez asombrosa. Muchos son capaces de recorrer distancias cortas a gran velocidad para cazar, mientras que otros lo hacen para dejar atrás a sus depredadores y escapar de ellos.

DEPREDADOR FRENTE A PRESA

Los animales se desplazan rápido por dos motivos: o para matar, o para evitar que los maten. Sin embargo, no todos son capaces de recorrer largas distancias. Por ejemplo, los guepardos son muy rápidos, pero solo son capaces de aguantar corriendo a máxima velocidad unos 550 metros. Tras esta distancia, deben pararse a descansar debido a la fatiga y al calor.

El galope del caballo

Los animales rápidos de cuatro patas mueven sus extremidades en una secuencia determinada para alcanzar la máxima velocidad posible. El galope del caballo comienza cuando se impulsa apoyando las patas traseras en el suelo, una después de la otra. Durante un instante muy breve, el caballo se encuentra totalmente en el aire, hasta que las patas delanteras tocan el suelo.

LOS ANIMALES TERRESTRES MÁS RÁPIDOS

1. **Guepardo – 120 km/h**
2. Antílope americano – 88,5 km/h
3. **Gacela saltarina de El Cabo – 88 km/h**
4. Ñu – 80,5 km/h
5. **León – 80 km/h**
6. Galgo – 74 km/h
7. **Liebre – 72 km/h**
=8. Licaón – 71 km/h
=8. **Canguro – 71 km/h**
10. Caballo – 70 km/h

El humano más rápido: 44,7 km/h. Fue Usain Bolt, en la carrera de 100 metros lisos (velocidad media entre 60-80 m).

Largas zancadas

Los guepardos son los más rápidos del reino animal. Sus cuerpos ligeros y esbeltos les permiten ir siempre a toda máquina. Otro rasgo importante es una columna vertebral muy flexible. De esta forma, el guepardo puede dar zancadas larguísimas, de hasta 8 metros de largo. De ahí su velocidad.

Compresión de la columna

Extensión de la columna

A LA CARRERA

Los velocistas más rápidos del mundo pueden correr a 45 km/h, pero solo son capaces de aguantar a esta velocidad unos segundos. Otros corredores necesitan más resistencia que velocidad para participar en carreras por el desierto o para subir a rascacielos.

En apenas **cuatro años,** dos velocistas jamaicanos batieron **cinco veces** el récord del mundo de los 100 metros lisos.

Progresión del récord de los 100 m

16 de agosto de 2009
16 de agosto de 2008
31 de mayo de 2008
9 de septiembre de 2007
14 de junio de 2005

9,5   9,6   9,7   9,8   9,9   10

9,58 segundos   9,69 segundos   9,72 segundos   9,74 segundos   9,77 segundos

‹- - - - - - - - - - Usain Bolt - - - - - - - - - › ‹- - - - - - Asafa Powell - - - - - - ›

¿Cuánto recorren en 10 segundos?

El siguiente gráfico muestra la distancia que recorren en 10 segundos un velocista, un maratoniano, un campeón de natación y una persona corriente que camine a paso normal.

Velocista olímpico – 100 m
Corredor de maratón – 57,15 m
Nadador olímpico – 24 m
Paso normal – 16 m

‹- **10 segundos** - ›

RÉCORDS DE ATLETISMO

1. **100 metros: Usain Bolt (Jamaica) – 9,58 s**

2. 110 metros vallas: Aries Merritt (EE. UU.) – 12,80 s

3. **200 metros: Usain Bolt (Jamaica) – 19,19 s**

4. 400 metros: Wayde van Niekerk (Sudáfrica) – 43,03 s

5. **800 metros: David Lekuta Rudisha (Kenia) – 1 min 40,91 s**

6. 1500 metros: Hicham El Guerrouj (Marruecos) – 3 min 26 s

7. **5000 metros: Kenenisa Bekele (Etiopía) – 12 min 37,35 s**

8. 10 000 metros: Kenenisa Bekele (Etiopía) – 26 min 17,53 s

9. **Medio maratón: Zersenay Radese (Eritrea) – 58 min 23 s**

10. Maratón: Eliud Kipchoge (Kenia) – 2 h 1 min 39 s

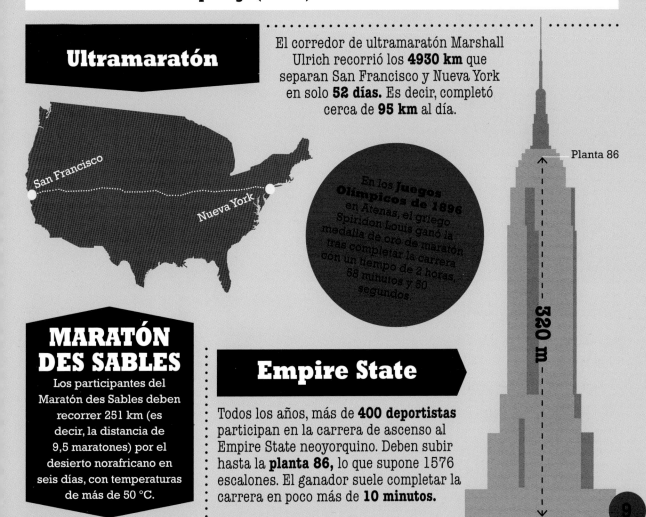

Ultramaratón

El corredor de ultramaratón Marshall Ulrich recorrió los **4930 km** que separan San Francisco y Nueva York en solo **52 días.** Es decir, completó cerca de **95 km** al día.

San Francisco

Nueva York

En los **Juegos Olímpicos de 1896** en Atenas, el griego Spiridon Louis ganó la medalla de oro de maratón tras completar la carrera con un tiempo de 2 horas, 58 minutos y 50 segundos.

Planta 86

320 m

MARATÓN DES SABLES

Los participantes del Maratón des Sables deben recorrer 251 km (es decir, la distancia de 9,5 maratones) por el desierto norafricano en seis días, con temperaturas de más de 50 °C.

Empire State

Todos los años, más de **400 deportistas** participan en la carrera de ascenso al Empire State neoyorquino. Deben subir hasta la **planta 86,** lo que supone 1576 escalones. El ganador suele completar la carrera en poco más de **10 minutos.**

VELOCIDAD EN EL AGUA

Es mucho más difícil moverse deprisa en el agua que en el aire, ya que el agua es mucho más densa. Para nadar a toda velocidad, los peces más rápidos cuentan con un tronco hidrodinámico y músculos de una fuerza increíble.

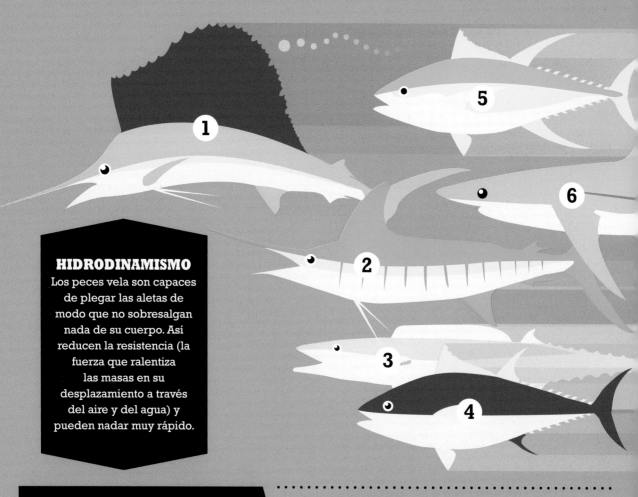

HIDRODINAMISMO

Los peces vela son capaces de plegar las aletas de modo que no sobresalgan nada de su cuerpo. Así reducen la resistencia (la fuerza que ralentiza las masas en su desplazamiento a través del aire y del agua) y pueden nadar muy rápido.

¿Cuánto recorren en 1 segundo?

Esta gráfica muestra la distancia que recorren a nado distintos animales en un segundo, en comparación con el ser humano.

Pez – pez vela – 31 m
Mamífero – delfín común – 17 m
Reptil – tortuga verde marina – 15,6 m
Ave – pingüino juanito – 9,8 m
Anfibio – ajolote – 4,5 m
Ser humano – 2,34 m
Invertebrado – escarabajo girínido – 1,44 m

LOS ANIMALES ACUÁTICOS MÁS RÁPIDOS

1. **Pez vela – 112 km/h**

2. Picudo gacho – 80 km/h

3. **Peto – 77 km/h**

4. Atún de aleta azul – 76 km/h

5. **Atún de aleta amarilla – 74 km/h**

6. Tintorera – 69 km/h

=7. **Macabijo – 64 km/h**

=7. Pez espada – 64 km/h

9. **Sábalo – 56 km/h**

10. Tiburón tigre – 53 km/h

El ser humano es capaz de nadar a 8,45 km/h. Esta es la velocidad media de los nadadores olímpicos de 50 m estilo libre.

Evolución convergente

Gracias a las aletas, los peces se dan impulso y dirección en el agua. Pero hay otros animales que cuentan con partes del cuerpo similares: los mamíferos acuáticos tienen aletas con estructura ósea, mientras que las aves acuáticas disponen de alas muy parecidas a las aletas. El desarrollo de partes del cuerpo semejantes en distintos animales se denomina evolución convergente.

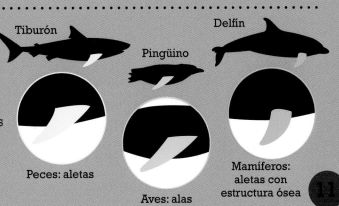

Tiburón

Pingüino

Delfín

Peces: aletas

Aves: alas

Mamíferos: aletas con estructura ósea

11

NATACIÓN E INMERSIONES

Algunos buzos se ayudan de cuerdas y pesas para sumergirse.

Coge aire y sumérgete en estos fabulosos récords de deportes acuáticos. Incluyen desde saltos a gran altura a inmersiones en las profundidades del océano o carreras de natación en piscina.

Buceo libre

100 m

281 m

La apnea dinámica con aletas consiste en **bucear** la mayor distancia posible conteniendo la respiración. El récord lo ostenta el croata Goran Colak con **281 m,** es decir, casi tres campos de fútbol.

La inmersión más profunda

El austriaco Herbert Nitsch se sumergió hasta una profundidad de **214 m** y regresó a la superficie conteniendo la respiración. Esta distancia es más del doble de la altura de la **Estatua de la Libertad.**

214 m

93 m

Saltos

Los saltadores de gran altura se lanzan desde una plataforma situada a 27 m sobre el nivel del agua (la altura de un edificio de nueve plantas).

27 m

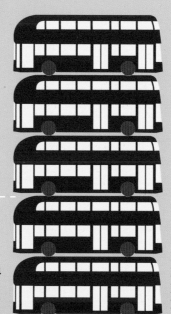

El trampolín más alto de las competiciones de saltos bajo techo mide 10 m **(como dos autobuses de dos plantas).**

RÉCORDS DE NATACIÓN

1. **50 m estilo libre: César Cielo (Brasil) – 20,91 s**

2. **50 m braza: Adam Peaty (Reino Unido) – 25,95 s**

3. **50 m espalda: Liam Tancock (Reino Unido) – 24,04 s**

4. **50 m mariposa: Andriy Govorov (Ucrania) – 22,27 s**

5. **100 m estilo libre: César Cielo (Brasil) – 46,91 s**

6. **100 m braza: Adam Peaty (Reino Unido) – 57,10 s**

7. **100 m espalda: Ryan Murphy (EE. UU.) – 51,85 s**

8. **100 m mariposa: Michael Phelps (EE. UU.): 49,82 s**

9. **4 × 100 m estilo libre: EE. UU. – 3 min 8,24 s**

10. **4 × 100 m estilos: EE. UU. – 3 min 27,28 s**

El trayecto a nado sin asistencia más largo

La australiana Chloe McCardel nadó durante **42 horas** y recorrió **142 km**, más de **cuatro veces** el ancho del canal de la Mancha.

142 km
en 42 horas

Inglaterra

Canal de la Mancha

Francia

Estilos de natación

En las competiciones de natación hay cuatro **estilos** distintos: estilo libre (o crol), espalda, braza y mariposa. Las **carreras** de estilos son pruebas especiales en las que los nadadores emplean los cuatro estilos, uno tras otro.

estilo libre

espalda

braza

mariposa

13

LANZAMIENTOS Y SALTOS

La potencia, la velocidad y la agilidad son fundamentales para batir los récords de lanzamiento y salto. Los lanzadores intentarán tirar algo más lejos que nadie, mientras que los saltadores querrán alcanzar distancias y alturas superiores para lograr nuevos récords del mundo.

Saltos en parada

Hasta 1912, las pruebas de salto de altura y de longitud en **parada** fueron disciplinas olímpicas. Los atletas tenían que saltar en **vertical** u **horizontal** desde parada. En la actualidad, los participantes toman **carrera** antes de saltar.

Distancia récord (no oficial): 3,73 m

Salto de longitud en parada

Altura récord (no oficial): 1,9 m

Salto de altura en parada

Récords de lanzamiento

LANZAMIENTO DE UVA
A. J. Henderson lanzó una **uva** y la atrapó con la boca tras recorrer una distancia de 21,18 m, es decir, aproximadamente la longitud de dos autobuses.

BOMBILLA
Bipin Larkin ostenta el récord de lanzamiento de **bombilla,** con 32,83 m.

10 m

0 m

RÉCORDS DE LANZAMIENTO Y SALTO

1. **Jabalina: Jan Zělezný (República Checa) 25 de mayo de 1996 - 98,48 m**

2. Disco: Jürgen Schult (Alemania Oriental) 6 de junio de 1986 – 74,08 m

3. **Martillo: Yuriy Sedykh (URSS) 30 de agosto de 1986 – 86,74 m**

4. Peso: Randy Barnes (EE. UU.) 20 de mayo de 1990 – 23,12 m

5. **Salto de longitud: Mike Powell (EE. UU.) 30 de agosto de 1991 - 8,95 m**

6. Salto con pértiga: Renaud Lavillenie (Francia) 15 de febrero de 2014 – 6,16 m

7. **Triple salto: Jonathan Edwards (Reino Unido) 7 de agosto de 1995 - 18,29 m**

8. Salto de altura en parada: Jonas Huusom (Dinamarca) 27 de agosto de 2011 – 1,48 m

9. **Salto de altura: Javier Sotomayor (Cuba) 27 de julio de 1993 - 2,45 m**

10. Salto de longitud en parada: Arne Tvervaag (Noruega) 11 de noviembre de 1968 – 3,71 m

Estilos de salto de altura

Con el paso de los años, los atletas han ido poniendo en práctica distintos estilos para saltar la altura. En la actualidad, los saltadores usan el **Fosbury flop,** que inventó Dick Fosbury en 1965.

tijera

rodillo ventral

rodillo costal

Fosbury flop

LANZAMIENTO MÁS LARGO DE CACAHUETE

El excampeón del mundo de vallas Colin Jackson ostenta el récord de lanzamiento de **cacahuete,** con 37,92 m.

LANZAMIENTO Y RECOGIDA DE HUEVO

Este récord está en posesión de Willie O'Donevan y Warren McElhone, con 71,2 m.

MAYOR ENVERGADURA

‹ ·· ›

Cómo vuelan las aves

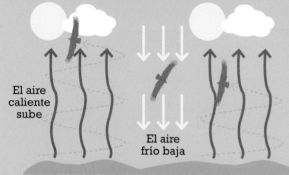

El aire caliente sube

El aire frío baja

Muchas aves extienden las alas para atrapar las corrientes de aire caliente o corrientes térmicas, que las empujan hacia arriba. Una vez en lo alto, buscan la siguiente corriente térmica y planean hacia ella para seguir ascendiendo.

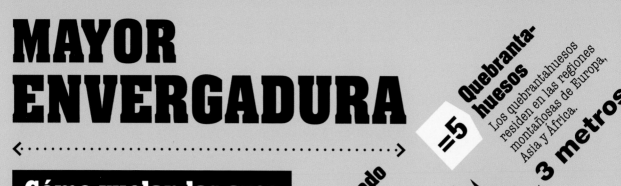

Quebranta-huesos

=5

Los quebrantahuesos residen en las regiones montañosas de Europa, Asia y África.

3 metros

Buitre leonado

Estas aves viven en colonias en lo alto de los acantilados, desde los que echan a volar en busca de animales muertos con los que alimentarse.

=7

2,8 metros

Cóndor de California

Usa corrientes ascendentes para elevarse hasta altitudes de más de 4500 m.

=7

2,8 metros

Águila real

Estas aves construyen nidos enormes, llamados aguileras.

=9

2,5 metros

Grulla coronada cuelligris

Estas aves son capaces de emitir fuertes sonidos gracias a las grandes cavidades hinchables que tienen bajo la barbilla.

=9

2,5 metros

Marabú africano

El marabú africano se alimenta principalmente de animales muertos, pero durante la época de reproducción también caza.

=3

3,4 metros

Albatros viajero

Estas grandes aves utilizan las amplísimas alas para planear sobre el océano durante horas sin la necesidad de batirlas.

=1

3,6 metros

Cisne cantor

Estas aves migran cientos de kilómetros en grandes bandadas con forma de flecha.

=5

3 metros

Cóndor andino

Estas corpulentas aves pueden pesar hasta 15 kg y para echar a volar necesitan servirse de corrientes térmicas o del viento.

=3

3,4 metros

Pelícano común

Los pelícanos comunes pueden llegar a comer hasta 1,5 kg de pescado al día.

=1

3,6 metros

17

ANIMALES RUIDOSOS

Algunas ballenas emiten sonidos que pueden oírse a más de 2600 km —casi la distancia entre Chicago y Los Ángeles— en condiciones favorables. Sin embargo, en la actualidad suele ser menor debido a la contaminación acústica.

UN FUERTE ESTALLIDO

El camarón pistola utiliza sus pinzas para crear burbujas que estallan como si fueran balas y dejan aturdidas a sus presas. La extrema presión que genera la burbuja también produce un destello, señal de altas temperaturas. Los científicos creen que la temperatura en el interior de la burbuja puede alcanzar cerca de 5500 °C. ¡Igual que la superficie del Sol!

1 Camarón pistola

Este diminuto crustáceo emite el sonido más fuerte del reino animal al chasquear las pinzas.

200dB

dB

0

20 40 60

80

SILENCIO

UN SUSURRO

UNA CONVERSACIÓN NORMAL

200

2 Ballena azul

El animal más grande del planeta emite sonidos de baja frecuencia para, según creen los científicos, atraer a posibles parejas.

188 dB

190

Ecolocalización

El eco rebota

LA ERUPCIÓN DE UN VOLCÁN

180

EL LANZAMIENTO DE UN COHETE

170

160

Algunos animales, como los delfines y los murciélagos, detectan a sus presas emitiendo sonidos de alta frecuencia, llamados ultrasonidos, que rebotan en las presas e informan de su ubicación a los depredadores.

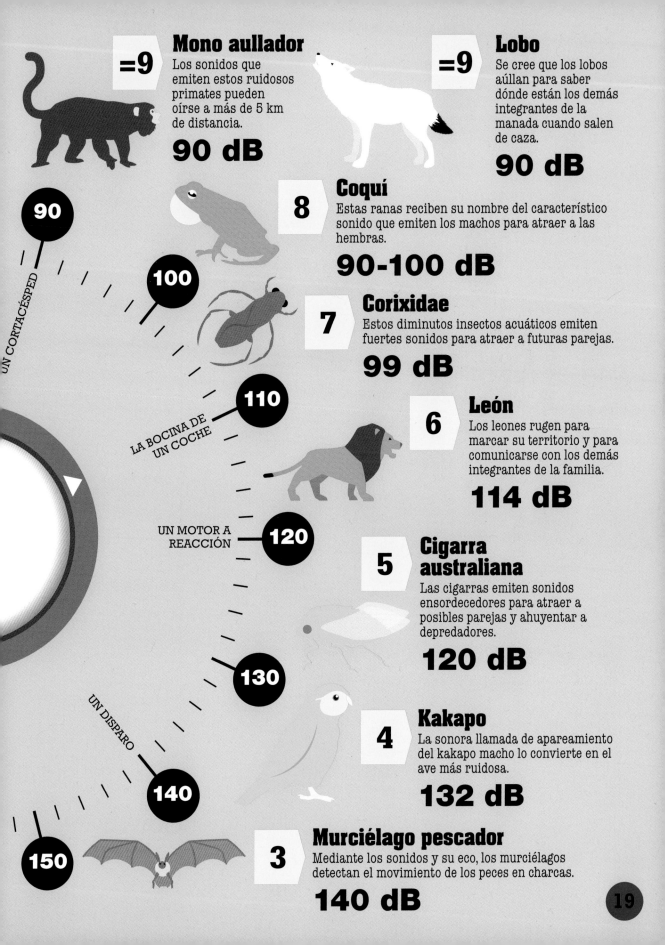

Mono aullador

=9

Los sonidos que emiten estos ruidosos primates pueden oírse a más de 5 km de distancia.

90 dB

Lobo

=9

Se cree que los lobos aúllan para saber dónde están los demás integrantes de la manada cuando salen de caza.

90 dB

Coquí

8

Estas ranas reciben su nombre del característico sonido que emiten los machos para atraer a las hembras.

90-100 dB

Corixidae

7

Estos diminutos insectos acuáticos emiten fuertes sonidos para atraer a futuras parejas.

99 dB

León

6

Los leones rugen para marcar su territorio y para comunicarse con los demás integrantes de la familia.

114 dB

Cigarra australiana

5

Las cigarras emiten sonidos ensordecedores para atraer a posibles parejas y ahuyentar a depredadores.

120 dB

Kakapo

4

La sonora llamada de apareamiento del kakapo macho lo convierte en el ave más ruidosa.

132 dB

Murciélago pescador

3

Mediante los sonidos y su eco, los murciélagos detectan el movimiento de los peces en charcas.

140 dB

UN CORTACÉSPED

90

100

LA BOCINA DE UN COCHE

110

UN MOTOR A REACCIÓN

120

130

UN DISPARO

140

150

¡MALDITOS ROEDORES!

Los dientes son la parte más dura del cuerpo, pues están diseñados para desgarrar y triturar los alimentos y que el cuerpo pueda absorber sus nutrientes. Pero algunos animales, además, los usan para pelear y para matar a sus presas.

Tipos de dientes

Los dientes de los animales pueden ser largos y puntiagudos para pelear y atrapar presas, afilados como tijeras para cortar carne, o planos y resistentes para triturar alimentos de origen vegetal.

Molares
Se usan para triturar los alimentos.

Colmillos externos
Los colmillos externos son unos dientes tan largos que no caben en la boca. Se usan para pelear y para escarbar en busca de comida.

Muelas carniceras
Los carnívoros cuentan con estas muelas de apariencia similar a las tijeras para cortar la carne y los huesos.

Caninos
Estos dientes largos y afilados, situados en la parte delantera de la boca, se usan para agarrar a las presas.

Colmillos de serpiente

Algunas serpientes matan a sus presas inyectándoles un veneno letal a través de sus colmillos, afilados como agujas. Un canal recorre los largos colmillos, de modo que, cuando la serpiente muerde a su presa, el veneno pasa por el canal y penetra en el cuerpo de la víctima.

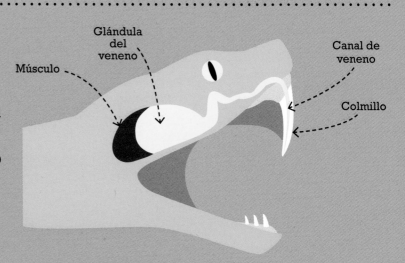

Glándula del veneno

Canal de veneno

Músculo

Colmillo

LOS DIENTES DE ANIMALES MÁS LARGOS

1. **Colmillos del elefante africano – 3 m**
2. **Colmillos del narval – 2,7 m**
3. **Colmillos del elefante asiático – 2,4 m**
4. **Colmillos de la morsa – 90 cm**
5. **Colmillos del hipopótamo – 40 cm**
6. **Colmillos del babirusa – 30 cm**
7. **Colmillos del facóquero – 25,5 cm**
8. **Dientes del cachalote – 18 cm**
9. **Colmillos del pez diablo – 15 cm**
10. **Caninos del león – 9 cm**

El diente humano más largo

medía 3,2 cm. Se extrajo de la boca de Loo Hui Jing, de Singapur, en 2009.

Los animales con más dientes

Los **tiburones** pueden tener hasta 20 000 dientes a lo largo de toda su vida, ya que se les caen y les crecen nuevos con frecuencia.

Los niños humanos suelen contar con 24 dientes, que de adultos se sustituirán por 32.

El récord del ser humano con más dientes pertenece a un niño indio, al que le extrajeron 232 dientes en 2014.

Pero esto no es nada en comparación con los récords del reino animal.

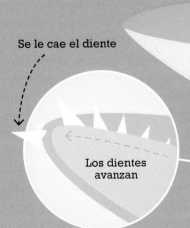

Se le cae el diente

Los dientes avanzan

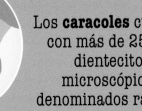

Los **caracoles** cuentan con más de 25 000 dientecitos microscópicos, denominados rádulas.

CELULAS XXL Y XXS

‹ • ›

Hay billones de células en nuestro cuerpo, de todas las formas y tamaños. Las de diámetro más grande son apenas visibles, mientras que las más largas se extienden por toda la longitud de las piernas. Todas estas células increíbles se unen para crear tejidos que componen los elementos básicos del cuerpo humano.

Las células más grandes y más pequeñas

La célula humana más grande es el óvulo, con un diámetro aproximado de 1 mm.
La célula más pequeña es el espermatozoide, que mide **0,06 mm** de largo: en el punto que cierra esta oración, cabrían hasta diez espermatozoides.

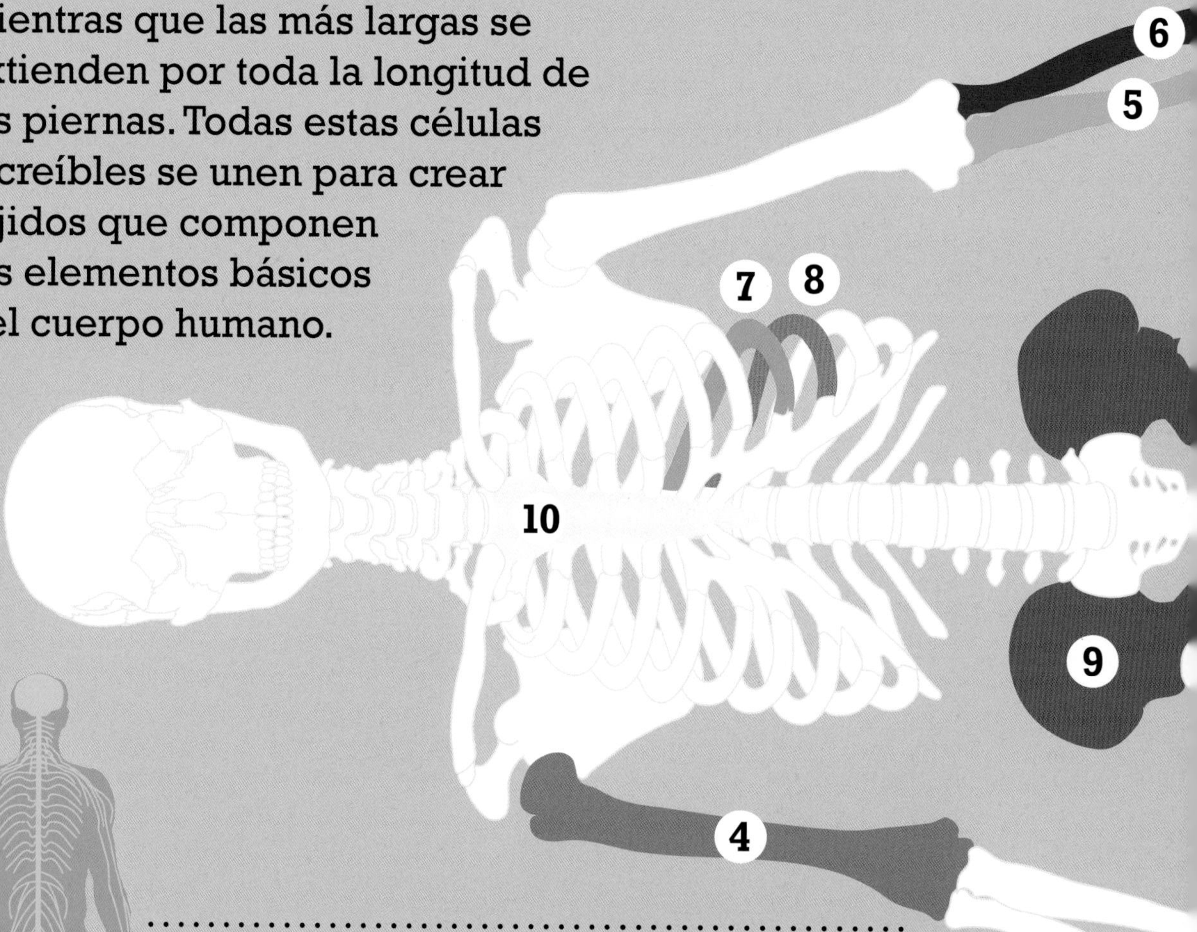

6

5

7 **8**

10

9

4

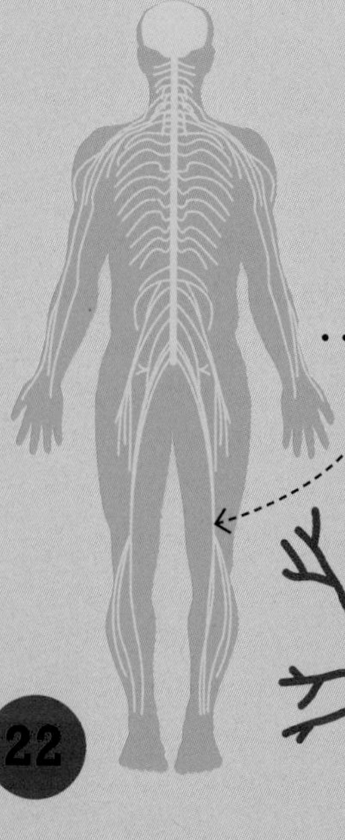

Neurona motora

Las células **más largas** del cuerpo humano son las neuronas motoras, que se extienden desde la base de la columna vertebral hasta los músculos de los dedos de los **pies.**

La célula más larga

Pueden medir hasta 1 m de largo.

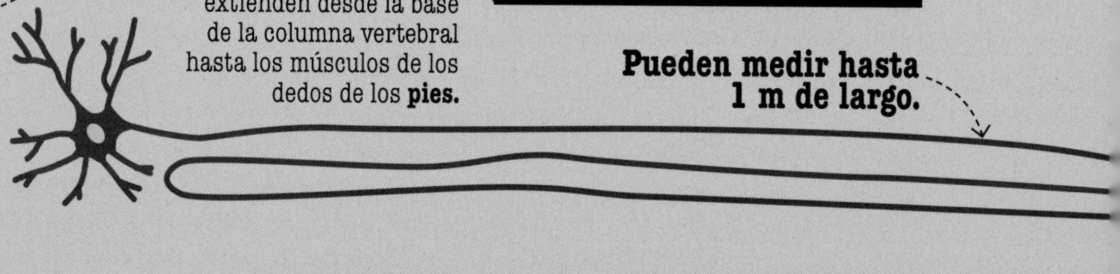

LOS HUESOS MÁS LARGOS DEL CUERPO HUMANO
(LONGITUD MEDIA EN CM)

1. **Fémur (hueso del muslo) – 50,5**
2. Tibia (hueso de la espinilla) – 42,9
3. **Peroné (pantorrilla) – 40,4**
4. Húmero (brazo) – 36,6
5. **Cúbito (parte interior del antebrazo) – 28,2**
6. Radio (parte exterior del antebrazo) – 26,4
7. **Séptima costilla – 24,4**
8. Octava costilla – 23,1
9. **Hueso coxal (cadera) – 18,5**
10. Esternón (hueso del pecho) – 17,0

Aumentado
70 veces

Óvulo

Espermatozoide

1

2

3

Piernas largas

Las piernas de los humanos adultos miden algo menos de **1 m.**

En comparación, las patas de las jirafas miden casi el doble: aproximadamente **1,8 m de largo.**

40 %

El 40 % de la masa corporal está formado por el músculo esquelético.

Esto supone que, en un adulto de 70 kg de peso, **28 kg** son de músculo, es decir, un peso superior al de **dos lingotes de oro.**

Tejido muscular

ÓRGANOS Y GLÁNDULAS

El órgano más grande y pesado de nuestro cuerpo nos cubre por completo y nos protege del exterior. Los demás órganos ejecutan una serie de tareas impresionantes, gracias a las que vivimos, crecemos y subsistimos.

Partes del cerebro

El cerebro anterior es la parte superior y la mayor de todas, puesto que supone aproximadamente el…

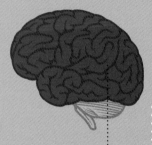

… 85 % de la masa cerebral.

El cerebro es el órgano humano con más grasa.

Alrededor del **60 %** del cerebro es grasa.

9 ### Tiroides
Este órgano con forma de mariposa se sitúa en el cuello y produce varias sustancias químicas que le indican al organismo cómo debe comportarse.

35 g

4 ### Pulmones
Estos grandes sacos se llenan de aire al respirar, para que entre oxígeno en el cuerpo y salga dióxido de carbono.

1,090 kg

3 ### Cerebro
Esta glándula está protegida por el cráneo, recibe las señales de todo el cuerpo y pesa igual que dos balones de baloncesto.

1,263 kg

5 ### Corazón
Este órgano muscular forma parte del aparato circulatorio. Pesa algo menos que una lata de sopa.

315 g

El grosor de la piel

La piel suele tener un grosor de 1-2 mm. Las zonas de la piel más finas se encuentran en los párpados (aprox. 0,5 mm de grosor), mientras que en algunas zonas de la parte superior de la espalda la piel tiene un grosor de 5 mm.

1-2 mm

0,5 mm

5 mm

Nuestro cuerpo cuenta con unos **5,6 litros de sangre**, el equivalente a 5,6 botellas de litro de agua. La sangre recorre el cuerpo bombeada por el corazón **tres veces por minuto.**

En un solo día, la sangre recorre un total de **19 000 km:** cuatro veces la distancia de costa a costa de los EE. UU.

4

Curiosidades sobre la sangre

7 Bazo

Este órgano ejerce de reserva de sangre. También elimina los glóbulos rojos muertos y ayuda al sistema inmunológico.

170 g

8 Páncreas

Produce sustancias químicas que le indican al organismo cómo actuar, así como enzimas, que descomponen los alimentos.

98 g

El estómago

es una bolsa elástica de músculo, que aumenta y disminuye de tamaño a medida que entra y sale comida. Los estómagos adultos pueden expandirse para almacenar hasta 1,5 litros de comida.

1 Piel

Este órgano cubre el cuerpo entero e impide la pérdida de agua. Pesa igual que cuatro ladrillos.

10,886 kg

6 Riñones

Estos dos órganos se encuentran uno a cada lado de la espalda. Filtran la sangre y eliminan desechos perjudiciales.

290 g

2 Hígado

Este órgano, que forma parte del aparato digestivo, nos ayuda a descomponer y a procesar los alimentos.

1,560 kg

10 Próstata

Este órgano masculino, tan pequeño como una nuez, produce el líquido seminal que transporta los espermatozoides.

20 g

MENUDOS FORTACHONES

<--->

Estas son las personas más fuertes del mundo. Son capaces de levantar, arrastrar y cargar pesos inmensos, de varias veces su propia masa corporal, y suelen participar en competiciones para ver quién es más fuerte.

Técnicas de halterofilia

Para batir récords en **halterofilia** y en **levantamiento de potencia,** hay que levantar el mayor peso posible usando las siguientes técnicas.

Arrancada

Dos tiempos

Peso muerto

Sentadilla

Press de banca

Lance Karabel (EE. UU.) posee el récord de sentadilla en levantamientos combinados, con 455 kg, casi el peso de un oso pardo macho adulto.

El polaco Dariusz Slowik arrojó una lavadora de **48 kg** a una distancia de **3,5 m** para establecer un nuevo récord.

RÉCORDS DE HALTEROFILIA Y LEVANTAMIENTO DE POTENCIA

1. **Arrancada (hombres): Behdad Salim kordasiabi (Irán) – 214 kg**

2. Dos tiempos (hombres): Aleksey Lovchev (Rusia) – 264 kg

3. **Combinada (arrancada y dos tiempos) (hombres): Aleksey Lovchev (Rusia) – 475 kg**

4. Arrancada (mujeres): Tatiana Kashirina (Rusia) – 155 kg

5. **Dos tiempos (mujeres): Tatiana Kashirina (Rusia) – 193 kg**

6. Combinada (arrancada y dos tiempos) (mujeres): Tatiana Kashirina (Rusia) – 348 kg

7. **Sentadilla: Andrey Malanichev (Rusia) – 470 kg**

8. Press de banca: Kirill Sarychev (Rusia) – 335 kg

9. **Peso muerto: Eddie Hall (Reino Unido) – 463 kg**

10. Combinada de sentadilla, press de banca y peso muerto: Lance Karabel (EE. UU.) – 1095 kg

Los más fuertes del mundo

El estadounidense Brian Shaw ha ganado tres veces el trofeo al hombre más fuerte del mundo, en 2011, 2013 y 2015. La polaca Aneta Florczyk ostenta el récord femenino con cuatro victorias. Estas son algunas de las pruebas en las que compiten los participantes.

Paseo del granjero

Levantamiento de tronco

Levantamiento de piedra

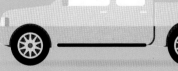

Arrastre de vehículo

El reverendo canadiense Kevin Fast levantó una plataforma a la que se habían subido 22 personas.

Manjit Singh

El británico Manjit Singh arrastró un autobús londinense de dos pisos y **8 toneladas** de peso (el equivalente a un elefante y medio) una distancia de **21,2 m** usando cordones atados al pelo.

Posee más de **30 récords** de fuerza, incluido el de tirar con una sola mano de un autobús con más de **54 personas** a bordo.

También arrastró un bombardero Vulcan de **98 toneladas** de peso (el equivalente a 18,5 elefantes) una distancia de **15 cm** usando un arnés.

LARGA VIDA

Gracias a las mejoras en la medicina y en la alimentación, no es raro que en los países ricos haya gente que viva hasta los 100 años o más. Sin embargo, sigue habiendo muchos países pobres en los que la esperanza de vida es muy baja.

Cada vez mayores

Los estudios predicen que, para 2050, habrá en el mundo **1560 millones** de habitantes mayores de **65 años,** es decir, el **17 %** de la población mundial.

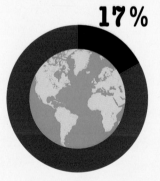

17 %

1560 millones

Ancianos en EE. UU.

En 2050, el número de habitantes mayores de 65 años en EE. UU. será de **más del doble.** Se cree que el número de personas de **más de 100** años aumentará de 72 000 a 834 000.

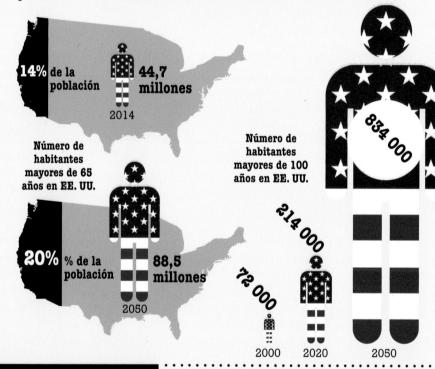

14% de la población — **44,7 millones** — 2014

Número de habitantes mayores de 65 años en EE. UU.

20% % de la población — **88,5 millones** — 2050

Número de habitantes mayores de 100 años en EE. UU.

834 000
214 000
72 000

2000   2020   2050

La persona que más ha vivido en la historia

La francesa Jeanne Louise Calment vivió **122 años y 164 días, del 21 de febrero de 1875 al 4 de agosto de 1997.**

Nace el 21 de febrero de 1875.

1876: Alexander Graham Bell inventa el teléfono.

1903: Los hermanos Wright completan el primer vuelo a motor en Kitty Hawk (Carolina del Norte, EE. UU.).

1928: Se envía la primera señal de televisión trasatlántica entre Londres y Nueva York.

1875   1885   1895   1905   1915   1925

La menor esperanza de vida

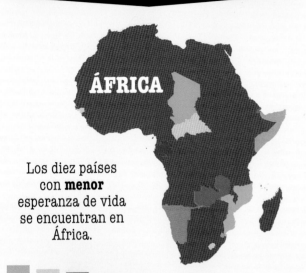

ÁFRICA

Los diez países con **menor** esperanza de vida se encuentran en África.

Mozambique – 52,94 años

Lesotho – 52,86 años

Zambia – 52,15 años

Gabón – 52,04 años

Somalia – 51,96 años

República Centroafricana – 51,81 años

Namibia – 51,62 años

Suazilandia – 51,05 años

Guinea-Bisáu – 50,23 años

Chad – 49,81 años

PAÍSES EN LOS QUE MÁS AÑOS VIVE LA GENTE
(ESPERANZA DE VIDA EN AÑOS)

1. **Mónaco – 89,52**
2. **Japón – 84,74**
3. **Singapur – 84,68**
4. **Macao – 84,51**
5. **San Marino – 83,24**
6. **Islandia – 82,97**
7. **Hong Kong – 82,86**
8. **Andorra – 82,72**
9. **Suiza – 82,50**
10. **Guernsey – 82,47**

Los hombres suizos nacidos en el año 1900 tenían una esperanza de vida de 51 años. Los nacidos en el año 2000 vivirán hasta los **85.** Hay estudios que demuestran que, en 2050, habrá **2,2 millones** de suizos —cerca del **30 %** de la población— de más de 65 años.

1900   2000

Ancianos suizos

1010
0101

1961: Yuri Gagarin es el primer humano en orbitar la Tierra.

1969: La misión del Apolo XI lleva a los primeros humanos a la Luna.

1978: Nace Louise Brown, el primer bebé probeta.

1938: Konrad Zuse inventa el primer ordenador totalmente programable, el Z1.

Muere el 4 de agosto de 1997.

1945   1955   1965   1975   1985   1995

Y QUE CUMPLAS MUCHOS MÁS

50 años

Muere la almeja en 2006

2000

1945 – Fin de la II Guerra Mundial.

1900

1876 – Alexander Graham Bell inventa el teléfono.

1800

1776 – Declaración de Independencia de los EE. UU.

1700

1616 – Muere William Shakespeare.

1600

1506 – Leonardo da Vinci pinta la *Mona Lisa*.

1500

Nace la almeja en 1499

Récord del mundo

La criatura más longeva fue una almeja de Islandia (una especie de bivalvo) que tenía 507 años cuando la mataron accidentalmente unos científicos en 2006. Había nacido en 1499.

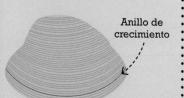

Anillo de crecimiento

Los científicos pueden averiguar la edad de las almejas contando los anillos de crecimiento de su concha, parecidos a los anillos de crecimiento del tronco de los árboles.

0 años

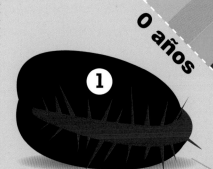

1

400 años

350 años

LOS ANIMALES MÁS LONGEVOS

1. **Almeja de Islandia – 500 años**
2. Ballena de Groenlandia – 211 años
3. **Gallineta de las Aleutianas – 205 años**
4. Erizo de mar rojo – 200 años
5. **Tortuga de las Galápagos – 177 años**
6. Gallineta nórdica – 157 años
=7. **Esturión de lago – 152 años**
=7. Tortuga gigante de Aldabra – 152 años
9. **Reloj anaranjado – 149 años**
10. Oreo verrugoso – 140 años

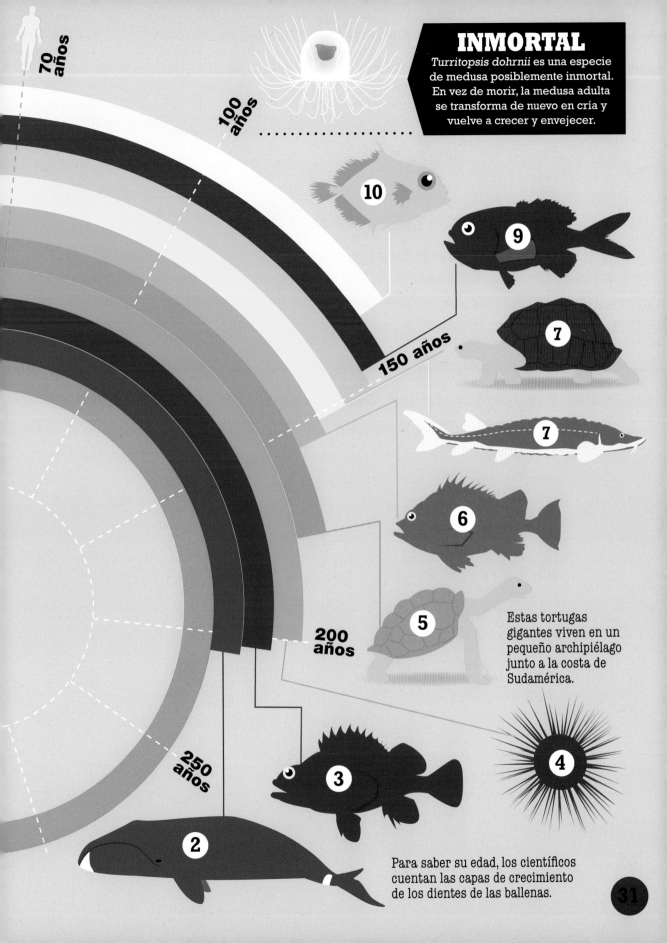

70 años

100 años

INMORTAL

Turritopsis dohrnii es una especie de medusa posiblemente inmortal. En vez de morir, la medusa adulta se transforma de nuevo en cría y vuelve a crecer y envejecer.

10

9

150 años

7

7

6

5

Estas tortugas gigantes viven en un pequeño archipiélago junto a la costa de Sudamérica.

200 años

4

250 años

3

2

Para saber su edad, los científicos cuentan las capas de crecimiento de los dientes de las ballenas.

31

EXTREMOS CORPORALES

‹‹···›

Dejarse crecer algunas partes del cuerpo para que sean las más largas lleva años de dedicación y atenciones. Sin embargo, hay otros récords con los que uno viene de serie.

1 El pelo más largo

La china Xie Qiuping lleva más de 40 años dejándose crecer el pelo, que ahora tiene una longitud equivalente a la de casi tres camas.

5,627 m

2 Las uñas más largas

La estadounidense Lee Redmond se pasó casi 30 años dejándose crecer las uñas y cuidando de ellas.

8,65 m (longitud total)

3 La nariz más grande

El turco Mehmet Ozyurek tiene la nariz más grande de entre todos los seres humanos vivos, medida del puente a la punta.

8,8 cm

¡Tamaño real!

4 El bigote más largo

El indio Ram Singh Chauhan se dejó crecer el bigote hasta una longitud superior a la de un Volkswagen Beetle.

4,29 m

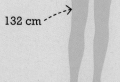

196 cm

132 cm

5 Las piernas más largas

La rusa Svetlana Pankratova ostenta el récord de las piernas más largas del mundo, que suponen más de dos tercios de su estatura total.

132 cm

Mayor número de dedos

El indio Akshat Saxena nació con una enfermedad denominada polidactilismo: tenía más dedos de lo normal tanto en las manos como en los pies.

14 dedos (7 en cada mano)
20 dedos (10 en cada pie)

6

¡Tamaño real!

7

Las manos más grandes

Al estadounidense Robert Wadlow las manos le medían 32,3 cm desde la muñeca hasta la punta del dedo corazón.

32,3 cm

8

Los pies más grandes

También tenía los pies más grandes de la historia, de 47 cm de largo.

Talla 74

Hombre de 1,80 m

Tamaño del pie de Robert Wadlow

Tamaño del pie de un hombre medio (talla 44)

9

La persona más alta

Robert Wadlow también ostenta el récord a la persona más alta de la historia.

2,72 m

10

La persona más baja

Por el contrario, la nepalí Chandra Bahadur Dangi es la persona más baja del mundo: apenas mide un quinto de la estatura de Wadlow.

54,6 cm

CRIATURAS ASESINAS

Los siguientes animales se encuentran entre los más letales del planeta y son los que más gente matan al año. Algunos son feroces depredadores, mientras que otros transmiten enfermedades mortales.

En Norteamérica muere más gente por culpa de los ciervos (130 personas al año) que de los osos pardos (unos 2,5 ataques mortales al año de media). Cada año se producen más de un millón y medio de accidentes de coche causados por ciervos.

130 contra 2,5

Sorprendentemente letal

= 5000 muertes al año

Perro (rabia)
El mayor peligro de los perros es la infección por mordedura. La rabia tiene una tasa de supervivencia inferior al 10 %

3

25 000

Cobra asiática
El potente veneno que transmite la mordedura de esta serpiente puede causar fallo cardíaco y asfixia.

2

50 000

Mosca tse-tse (enfermedad del sueño)
Esta mosca chupasangre porta un parásito que causa la enfermedad del sueño, que puede ser mortal.

=4

10 000

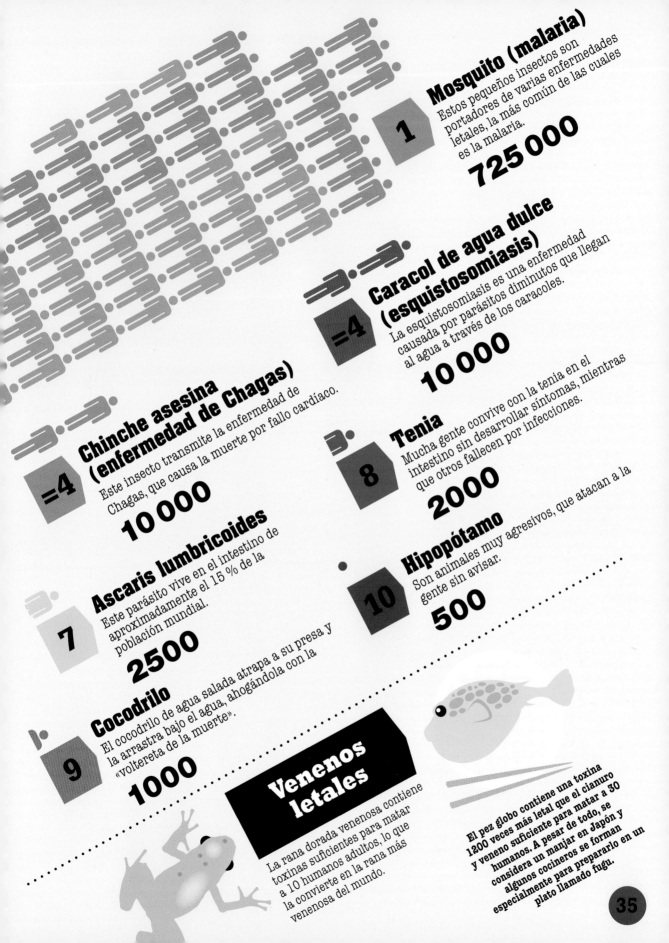

Mosquito (malaria)

Estos pequeños insectos son portadores de varias enfermedades letales, la más común de las cuales es la malaria.

1

725 000

Caracol de agua dulce (esquistosomiasis)

La esquistosomiasis es una enfermedad causada por parásitos diminutos que llegan al agua a través de los caracoles.

=4

10 000

Chinche asesina (enfermedad de Chagas)

Este insecto transmite la enfermedad de Chagas, que causa la muerte por fallo cardíaco.

=4

10 000

Tenia

Mucha gente convive con la tenia en el intestino sin desarrollar síntomas, mientras que otros fallecen por infecciones.

8

2000

Ascaris lumbricoides

Este parásito vive en el intestino de aproximadamente el 15 % de la población mundial.

7

2500

Hipopótamo

Son animales muy agresivos, que atacan a la gente sin avisar.

10

500

Cocodrilo

El cocodrilo de agua salada atrapa a su presa y la arrastra bajo el agua, ahogándola con la «voltereta de la muerte».

9

1000

Venenos letales

La rana dorada venenosa contiene toxinas suficientes para matar a 10 humanos adultos, lo que la convierte en la rana más venenosa del mundo.

El pez globo contiene una toxina 1200 veces más letal que el cianuro y veneno suficiente para matar a 30 humanos. A pesar de todo, se considera un manjar en Japón y algunos cocineros se forman especialmente para prepararlo en un plato llamado fugu.

MUNDO DE GIGANTES

‹···············›

Las criaturas más grandes tienen muchas ventajas con respecto a las pequeñas. Al ser grandes y fuertes les resulta más fácil derrotar a otros animales, mientras que la altura les ayuda a conseguir comida difícil de alcanzar. Además, están mejor protegidos frente a las temperaturas extremas.

La cifra que hay debajo de cada silueta humana representa el número de humanos adultos que pesa cada animal.

LA BALLENA AZUL

Estos diez animales juntos pesan menos de la mitad del animal más grande de la historia: la ballena azul, un gigante de unas 200 toneladas de peso.

• El corazón le pesa unos 700 kg, el equivalente a 10 personas.

• Su capacidad pulmonar es de 5000 litros, suficiente para llenar 62,5 bañeras.

• Por el orificio nasal que tiene en el lomo, es capaz de expulsar mucosidades y aire hasta una altura de 12 metros, el doble de la altura de una jirafa.

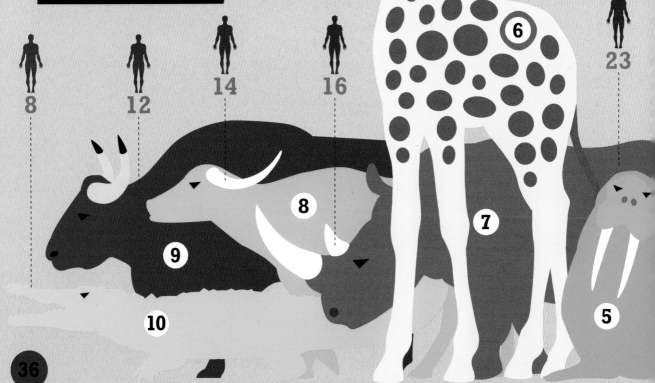

18

8

12

14

16

23

6

9

8

7

10

5

El pez óseo más grande

El esqueleto de los peces está formado de huesos o de cartílago flexible. El pez más grande con esqueleto de hueso es el pez luna, que mide 3,3 m de largo y pesa 1900 kg.

LOS ANIMALES TERRESTRES MÁS PESADOS

1. **Elefante africano – 5,5 toneladas**
2. Elefante asiático – 3,5 toneladas
3. **Rinoceronte blanco – 2,5 toneladas**
4. Hipopótamo – 2,3 toneladas
5. **Morsa – 1,6 toneladas**
6. Jirafa – 1,25 toneladas
7. **Rinoceronte negro – 1,15 toneladas**
8. Búfalo de agua salvaje – 0,98 toneladas
9. **Gaur – 0,85 toneladas**
10. Cocodrilo de agua salada – 0,6 toneladas

Los humanos pesan 70 kg (0,07 toneladas) de media, pero la persona más pesada de la historia fue Joe Brower Minnoch, que llegó a pesar más de 635 kg (0,635 toneladas).

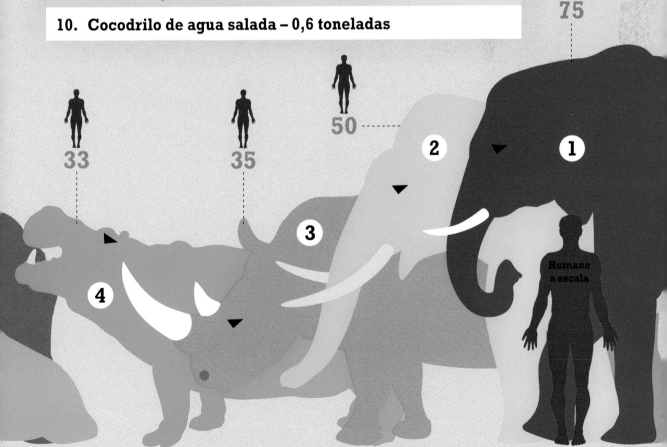

75

50

33

35

2

1

3

4

Humano a escala

GRANDES INSECTOS

¡Tamaño real!

Los insectos se encuentran entre las formas de vida más perfectas de la Tierra y suponen aproximadamente la mitad de todas las especies del planeta. Cuentan con un esqueleto externo duro y con seis patas articuladas.

EL INSECTO MÁS PEQUEÑO DEL MUNDO

Los insectos más pequeños del mundo son las mimáridas. Los machos de una especie costarricense miden apenas 0,139 mm de largo: menos de la mitad del ancho del punto que cierra esta frase.

INSECTOS GIGANTESCOS

1. **Insecto palo gigante – 56,7 cm**
2. Mariposa alas de pájaro – 30 cm
2. **Polilla atlas – 30 cm**
4. Escarabajo titán – 16,7 cm
5. **Escarabajo Goliat – 15 cm**
6. Escarabajo elefante – 12 cm
7. **Weta gigante – 10 cm**
8. Cucaracha cavadora gigante – 8 cm
9. **Chinche acuática gigante – 6,2 cm**
10. Avispa cazatarántulas – 4,3 cm

¡MENUDA SIESTA!

<‹- - - - - - - - - - - - - - - - - - - -›>

Algunos animales se pasan parte del año en un estado similar al sueño llamado hibernación. Esto ocurre cuando hay poco alimento y agua y las condiciones climatológicas son complicadas. A continuación, figuran algunos de los animales que más tiempo hibernan.

Lémur enano de cola gruesa

Durante la hibernación, estos lémures pierden el 50 % de su peso.

7 meses

Marmota alpina

Durante la hibernación, la frecuencia cardíaca de este mamífero baja de 120 pulsaciones por minuto a 4 pulsaciones por minuto.

8 meses

Abejorro (reina)

La abeja reina es la única que hiberna durante el invierno (las demás mueren). Pasado el invierno, la reina se despierta y empieza a poner huevos para crear una nueva colmena.

6-8 meses

Rana de bosque

Estos anfibios producen un anticongelante natural que los protege del frío durante los meses de invierno.

7 meses

Sueño de verano

Mientras que hay animales que hibernan durante los fríos meses de invierno, otros pasan por un estado similar en épocas de calor y sequía. Este estado se llama estivación e impide que los animales se sequen. Entre los animales que pasan por ese estado se

5

Suslik ártico
Estos mamíferos se refugian en pequeñas madrigueras que cavan en la tundra.
6 meses

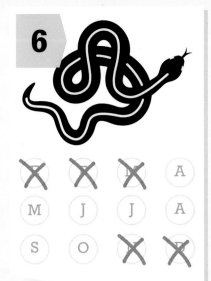

6

Culebra
Estas serpientes hibernan en grandes grupos para calentarse.
5 meses

7

Erizo
Si hace mucho frío durante la hibernación, los erizos se despiertan y se marchan a un lugar más cálido.
4–5 meses

=8

Chotacabras pachacua
Es la única especie conocida de ave que hiberna.
3–4 meses

=8

Oso negro
Durante los más de 100 días que dura la hibernación, los osos no comen, beben, orinan ni defecan.
3–4 meses

10

Murciélago moreno
Durante la hibernación, su frecuencia cardíaca baja de 1000 pulsaciones por minuto a 25 pulsaciones por minuto.
2 meses

encuentran los caracoles, los escarabajos, las tortugas y las ranas.

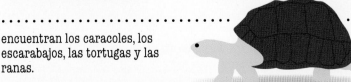

ANIMALES EN MOVIMIENTO

384 400 km

Muchos animales recorren miles de kilómetros todos los años en busca de lugares en los que alimentarse, aparearse y tener crías. Estos desplazamientos se denominan migraciones.

Récord de vuelo

A lo largo de su vida, el charrán ártico recorrerá más de 800 000 km, más de dos veces la distancia entre la Tierra y la Luna.

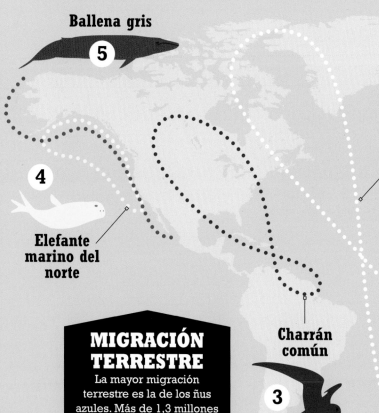

Ballena gris

5

1

Charrán ártico

7

Libélula rayadora naranja

4

Elefante marino del norte

Charrán común

3

MIGRACIÓN TERRESTRE

La mayor migración terrestre es la de los ñus azules. Más de 1,3 millones de ejemplares de esta especie migran anualmente: el equivalente a la población de San Diego (California, EE. UU.).

9

Ballena jorobada

LAS MIGRACIONES ANUALES MÁS LARGAS

1. **Charrán ártico – 70 000 km**
2. Pardela sombría – 64 000 km
3. **Charrán común – 26 000 km**
4. Elefante marino del norte – 21 000 km
5. **Ballena gris – 20 000 km**
6. Tortuga laúd – 19 300 km
7. **Libélula rayadora naranja – 15 000 km**
8. Aguja colipinta – 11 000 km
9. **Ballena jorobada – 8300 km**
10. Atún – 7700 km

El charrán ártico

migra siguiendo una forma de ocho gigante entre el Ártico y la Antártida. De esta forma, el trayecto es cuatro veces superior a la distancia real en línea recta.

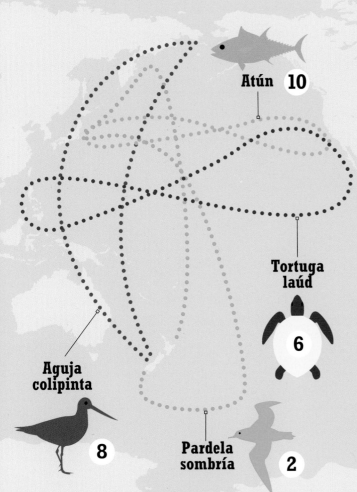

Atún **10**

Tortuga laúd **6**

Aguja colipinta **8**

Pardela sombría **2**

Caribú

Una de las migraciones terrestres más largas es la del caribú, que recorre unos 5000 km al año, es decir, el equivalente a la distancia entre París y Pekín.

×44

Para prepararse para la migración, el caribú ingiere unos 5 kg de alimento al día durante todo el verano (el equivalente en peso a 44 hamburguesas).

Todos los días, millones de criaturas diminutas llamadas zooplancton migran a la superficie del mar y vuelven a bajar en un movimiento conocido como migración vertical.

Arriba y abajo

LA VIDA EN LA TIERRA

La Tierra es el único planeta del sistema solar en el que hasta la fecha se ha encontrado vida. Se halla a la distancia idónea del Sol para que la temperatura mantenga el agua en estado líquido, lo que es fundamental para la existencia de vida.

1

El área forestal de **Rusia** tiene la misma extensión que **todo Brasil**.

2

3

4

Un árbol absorbe aproximadamente 22 kg de dióxido de carbono al año y produce oxígeno suficiente para dos personas.

22 kg

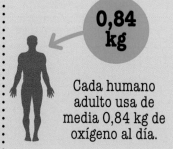

0,84 kg

Cada humano adulto usa de media 0,84 kg de oxígeno al día.

1 kg

Cada humano exhala de media algo más de 1 kg de dióxido de carbono al día.

LOS PAÍSES CON MAYOR ÁREA FORESTAL COMBINADA

1. **Rusia – 8,5 millones de km²**

2. Brasil – 5,4 millones de km²

3. **Canadá – 2,4 millones de km²**

4. EE. UU. – 2,3 millones de km²

5. **China – 1,6 millones de km²**

6. Australia – 1,5 millones de km²

7. **R. D. del Congo – 1,4 millones de km²**

8. Indonesia – 1 millón de km²

9. **Angola – 698 000 km²**

10. Perú – 652 000 km²

La masa combinada de los seres vivos se denomina biomasa. Las siguientes cifras muestran algunas de las criaturas con mayor biomasa.

**Humanos
350 millones de toneladas**
7000 millones de personas con un peso medio de 50 kg cada una.

**Termitas
445 millones de toneladas**
Cada nido de termitas puede acoger a millones de ejemplares.

**Krill atlántico
379 millones de toneladas**
Hay billones de estas criaturas diminutas en el mar, que sirven de alimento a otros animales marinos.

**Vacas
650 millones de toneladas**
Solo hay 1300 millones de vacas en el mundo, pero pesan 500 kg cada una, por lo que su biomasa total es casi el doble que la de los humanos.

**Cianobacterias
1000 millones de toneladas**
Algunos de los seres vivos más pequeños del planeta conforman la mayor cantidad de biomasa.

**Ballenas azules ⊖
0,5 millones de toneladas**
En cambio, la biomasa total del animal más grande del mundo es solo de medio millón de toneladas.

5   6   7   8   9   10

SUPERFICIE DISCONTINUA

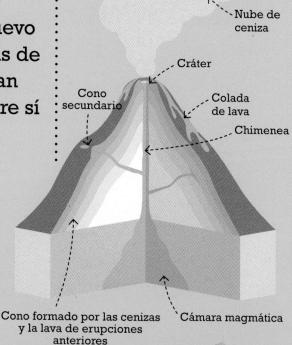

La superficie de la Tierra no es continua, sino que está dividida, como si fuera la cáscara de un huevo roto, en distintas placas tectónicas de forma desigual. Estas se desplazan muy lentamente, chocándose entre sí y generando fuertes terremotos, volcanes que escupen lava y gigantescas montañas.

Qué hay dentro de un volcán

Un volcán es una abertura en la corteza terrestre, por la que escapan roca fundida, cenizas, vapor y gases del interior del planeta.

Nube de ceniza

Cráter

Cono secundario

Colada de lava

Chimenea

Cono formado por las cenizas y la lava de erupciones anteriores

Cámara magmática

El volcán más activo

El volcán más activo del mundo es el Kilauea, en Hawái. Lleva en erupción ininterrumpida desde 1983 y escupe lava a una velocidad de 5 m³ por segundo.

8 min 20 s

A este ritmo podría llenar una piscina olímpica en…

La lava alcanza 1250 °C, temperatura capaz de fundir oro.

Las coladas piroclásticas son nubes de roca y gas ardientes que salen de los volcanes. Suelen llevar una velocidad de 80 km/h, pero las más rápidas pueden alcanzar los 480 km/h: 1,5 veces más veloces que un coche de Fórmula 1.

Cómo se forman las montañas

El **Everest** es la montaña más alta de la Tierra, con **8848 m** de altitud. Se creó gracias al choque de dos placas tectónicas, lo que formó la cordillera del **Himalaya**.

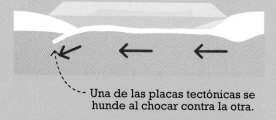

Una de las placas tectónicas se hunde al chocar contra la otra.

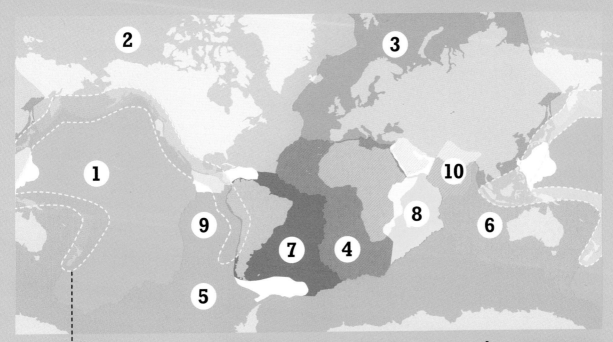

El 90 % de los volcanes se sitúan en torno al Cinturón de Fuego del Pacífico.

LAS PLACAS TECTÓNICAS MÁS GRANDES

1. **Pacífico – 103 300 000 km^2**

2. Norteamérica – 75 900 000 km^2

3. **Eurasia – 67 800 000 km^2**

4. África – 61 300 000 km^2

5. **Antártida – 60 900 000 km^2**

6. Australia – 47 000 000 km^2

7. **Sudamérica – 43 600 000 km^2**

8. Somalia – 16 700 000 km^2

9. **Nazca – 15 600 000 km^2**

10. India – 11 900 000 km^2

Los volcanes pueden escupir nubes de ceniza hasta una altitud de 30 km.

Es decir, 3,5 veces la altura del Everest.

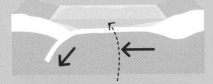

Cuando las placas se juntan, la roca que hay entre ellas empieza a amontonarse.

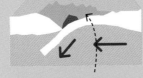

Las placas empujan la roca hacia arriba, lo que genera las montañas.

Himalaya en crecimiento

La cordillera del Himalaya crece actualmente a una velocidad de 1 cm al año.

47

PLANETA SECO

Los desiertos son los lugares más secos del planeta y reciben menos de 25 cm de precipitaciones al año. Abarcan aproximadamente un tercio del terreno y sus hábitats varían desde la abrasadora inmensidad del Sáhara africano hasta el reino helado de la Antártida.

Desierto de hielo

La **Antártida** es el mayor desierto del mundo, con una superficie superior a la de los EE. UU. En realidad, está cubierta íntegramente de agua, pero está **congelada.**

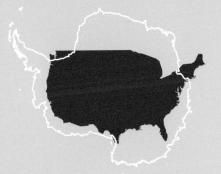

El **grosor medio** del hielo es de más de 1,6 km, es decir, el doble de la altura del **Burj Khalifa,** el edificio más alto del mundo.

El desierto de Atacama

El **desierto de Atacama**, en Chile, es un desierto con sombra orográfica y el lugar más seco del planeta. La media de precipitaciones es de apenas 0,1 mm al año, es decir, **1 cm de lluvia cada 100 años.**

Si se derritiesen los polos, el nivel del mar ascendería **60 m**...

■ Inundado

... y así quedarían las costas del mundo.

Tanto las temperaturas **más altas** como las **más bajas** registradas en la Tierra se han tomado en **desiertos.**

-89,2 °C	-18 °C	-12,3 °C	0 °C	15 °C	37 °C	56,7 °C
Estación de Vostok (Antártida)	Temperatura óptima para los congeladores	Temperatura más alta registrada en el polo sur	Punto de congelación del agua	Temperatura media de la Tierra	Temperatura del cuerpo	Furnace Creek, Death Valley, California

❄ **La más baja**　　　　　　　　　　　　　　　　☀ **La más alta**

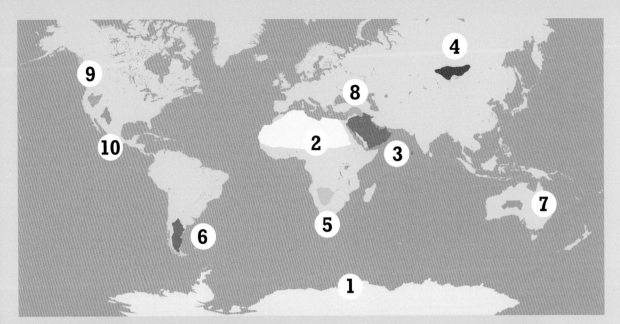

LOS DESIERTOS MÁS GRANDES DEL MUNDO

1. **Antártida – 14,2 millones de km^2**

2. Sáhara – 8,6 millones de km^2

3. **Desierto árabe – 2,3 millones de km^2**

4. Desierto del Gobi – 1,3 millones de km^2

5. **Desierto del Kalahari – 930 000 km^2**

6. Desierto de la Patagonia – 673 000 km^2

7. **Gran Desierto de Victoria – 647 000 km^2**

8. Desierto sirio – 518 000 km^2

9. **Desierto de la Gran Cuenca – 492 000 km^2**

10. Desierto de Chihuahua – 282 000 km^2

Cómo se forman los desiertos por sombra orográfica

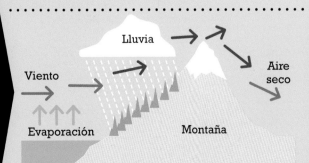

El **vapor de agua** que sube del mar crea aire húmedo. Las montañas hacen ascender este aire y el agua cae en forma de lluvia sobre ellas. Así, lo que pasa al otro lado de las montañas es **aire seco,** lo que genera la gran sequía que da lugar a desiertos con sombra orográfica.

ANIMALES AMENAZADOS

Los cambios en el entorno, como el calentamiento global y la pérdida del hábitat, pueden suponer una amenaza para la existencia de los animales. Si el cambio es lo bastante significativo, puede llevar a la especie al borde de la extinción.

Pérdida del hábitat

Se predice que, para 2100, el hielo marino anual se habrá reducido entre el 10 y el 50 %, cifra que sube al 50-100 % en verano. Esto afectará al hábitat del oso polar, que reducirá su número de ejemplares en un 30 %.

Población actual
25 000

Población prevista
17 500

2100

2015

50%

En los últimos 100 años, ha desaparecido aproximadamente la mitad de todos los arrecifes de coral…

70%

… y cerca de un tercio de los manglares.

LOS ANIMALES MÁS AMENAZADOS (NÚMERO DE EJEMPLARES)

=1. **Carpintero real – posiblemente extinguido**

=1. Saola – posiblemente extinguido

3. **Lémur saltador de Sahafary – 18**

4. Leopardo del Amur – 20

5. **Rinoceronte de Java – 40**

6. Ballena franca del Pacífico norte – 50

7. **Langur de cabeza blanca – menos de 70**

8. Vaquita marina – 100-300

9. **Gorila occidental del río Cross – 200-300**

10. Tigre de Sumatra – 441-679

Algunos científicos creen que se están extinguiendo especies a más velocidad que a la que se están descubriendo nuevas.

Cambio climático

El grupo de expertos sobre el cambio climático de la ONU afirma que un aumento en la temperatura media global de tan solo 1 °C derivará en un mayor riesgo de extinción para el 30 % de las especies de la Tierra.

13 °C (temperatura media)

aumento de 1 °C

30 por ciento

3 especies por hora

Según el Convenio sobre Diversidad Biológica de la ONU, se extinguen tres especies por hora: el ritmo de extinción más elevado de la historia de la Tierra.

Cuenta atrás

PLANETA DE MASCOTAS

Los humanos llevamos miles de años conviviendo con los animales, ya sea para obtener alimento y ropa, para que nos ayuden a trabajar o a cazar, o simplemente por su compañía. Con el paso de los años, hemos creado distintas razas para producir animales de características diferentes.

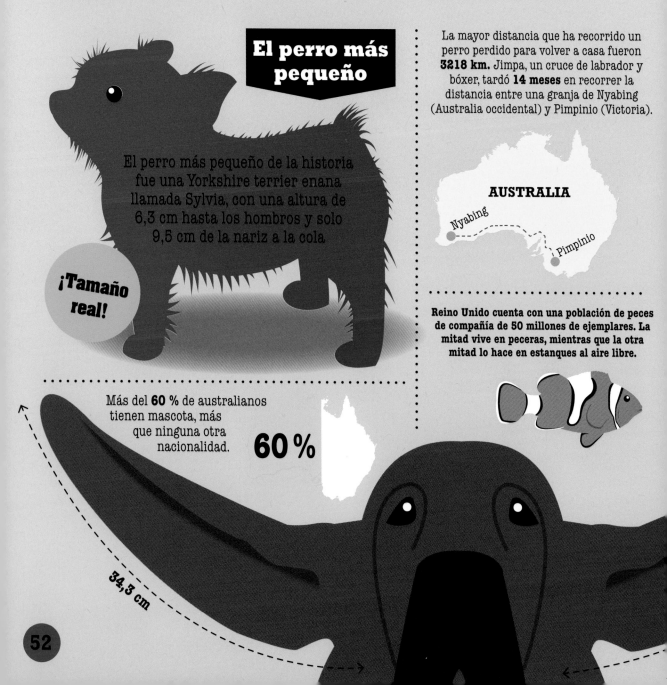

El perro más pequeño

El perro más pequeño de la historia fue una Yorkshire terrier enana llamada Sylvia, con una altura de 6,3 cm hasta los hombros y solo 9,5 cm de la nariz a la cola

¡Tamaño real!

La mayor distancia que ha recorrido un perro perdido para volver a casa fueron **3218 km.** Jimpa, un cruce de labrador y bóxer, tardó **14 meses** en recorrer la distancia entre una granja de Nyabing (Australia occidental) y Pimpinio (Victoria).

AUSTRALIA

Nyabing

Pimpinio

Reino Unido cuenta con una población de peces de compañía de 50 millones de ejemplares. La mitad vive en peceras, mientras que la otra mitad lo hace en estanques al aire libre.

Más del **60 %** de australianos tienen mascota, más que ninguna otra nacionalidad.

60 %

34,3 cm

LOS PAÍSES CON MÁS GATOS DE COMPAÑÍA

1. **EE. UU. – 76 430 000**
2. China – 53 100 000
3. **Rusia – 12 700 000**
4. Brasil – 12 466 000
5. **Francia – 9 600 000**
6. Italia – 9 400 000
=7. **Reino Unido – 7 700 000**
=7. Alemania – 7 700 000
9. **Ucrania – 7 350 000**
10. Japón – 7 300 000

Con más de 76 millones de gatos, en EE. UU. hay un gato para cada cuatro personas.

La mayor camada

19

La mayor camada de un gato doméstico fue de **19 crías.** En comparación, las camadas suelen ser de una media de **4-6 crías.**

Las orejas más largas

El sabueso Tigger ostenta el récord a las orejas de perro más largas. La oreja derecha le mide **34,3 cm** de cabeza a punta, mientras que la oreja izquierda le mide **31,1 cm.**

31,1 cm

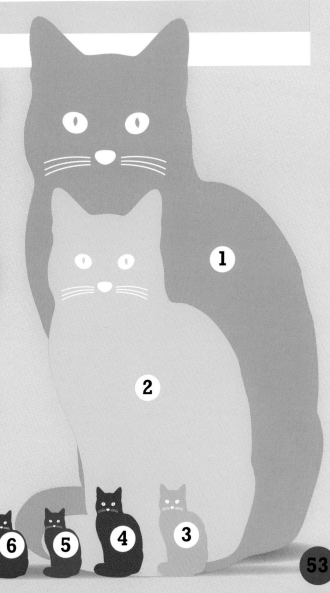

ESPACIOS ANIMALES

Los animales necesitan mucho espacio para vivir; en algunos zoológicos, ocupan zonas inmensas. Estas residencias deben adaptarse a las necesidades específicas de cada animal y ser muy resistentes para soportar toneladas de agua y robustas criaturas.

Hengoin Ocean Kingdom

El acuario del Hengoin Ocean Kingdom contiene agua suficiente para llenar cerca de 20 piscinas olímpicas.

1

2

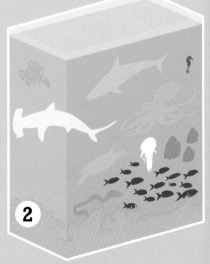

Gran parque de aves

El KL Bird Park, situado en Kuala Lumpur (Malasia), es el mayor aviario de vuelo libre del mundo. Abarca 8,5 hectáreas y alberga a 3000 aves de 200 especies distintas.

LOS ACUARIOS MÁS GRANDES (LITROS)

1. **Hengoin Ocean Kingdom (China) – 48,72 millones**

2. Georgia Aquarium (EE. UU.) – 23,84 millones

3. **Dubai Mall Aquarium (Dubái) – 9,99 millones**

4. Acuario Okinawa Churaumi (Japón) – 7,5 millones

5. **Oceanogràfic (España) – 7 millones**

6. Turkuazoo (Turquía) – 5 millones

7. **Monterrey Bay Aquarium (EE. UU.) – 4,54 millones**

=8. uShaka Marine World (Sudáfrica) – < 3,8 millones

=8. **Shanghai Ocean Aquarium (China) – < 3,8 millones**

=8. Acuario de Génova (Italia) – < 3,8 millones

 El estanque de los pingüinos del zoológico de Londres ocupa 1200 m² y tiene una capacidad 480 000 litros, cantidad con la que se podrían llenar más de 5500 bañeras; es decir, podrías darte un baño al día durante 15 años.

× 5500

Estanque de los pingüinos

3 · 4 · 5 · 6 · 7 · 8 · 9 · 10

Una de las paredes del Dubai Mall Aquarium consta de un gigantesco panel acrílico transparente, el más grande del mundo. Mide 32,88 m por 8,3 m, es decir, más que una pista de tenis.

Zoológico de Toronto

El zoológico de Toronto es uno de los más grandes del mundo y cuenta con más de 5000 animales de 500 especies distintas.

El zoo cuenta con 10 km de sendas (el equivalente a 25 vueltas a una pista de atletismo) y ocupa 287 hectáreas, aproximadamente la superficie del Central Park de Manhattan, Nueva York (EE. UU.).

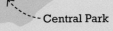

----- Central Park

Manhattan

CADA VEZ MÁS ALTOS

Los avances tecnológicos de los últimos cien años han visto cómo los edificios más altos del mundo casi se cuadriplican en altura. Los rascacielos más altos miden ahora cerca de un kilómetro y podría decirse que tocan el cielo.

Estos gráficos muestran

las construcciones que han ostentado el título de edificio más alto del mundo durante los últimos cien años, comparados con la altura de una jirafa.

Torre en movimiento

Los cambios de temperatura a lo largo del año hacen que la Torre Eiffel se expanda y se contraiga hasta 18 cm. Además, cuando hace mucho viento la parte superior de la torre llega a balancearse 7 cm.

7 cm

La Torre Eiffel de París, de 301 m de altitud, mide menos de la mitad que el Burj Khalifa.

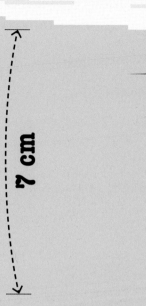

x 74

x 70

1

2

3

4

5

6

7

8

9

10

× 138

× 85

× 75

× 64

× 53

× 47

× 40

× 36

LOS EDIFICIOS MÁS ALTOS A LO LARGO DE LA HISTORIA

1. **Burj Khalifa, Dubái (desde 2010) – 828 m**

2. Taipei 101, Taiwán (2004-2007) – 509 m

3. **Torres Petronas, Malasia (1998-2004) – 452 m**

4. Torre Willis, EE. UU. (1974-1998) – 442 m

5. **World Trade Center, EE. UU. (1972-1974) – 417 m**

6. Empire State Building, EE. UU. (1931-1972) – 381 m

7. **Edificio Chrysler, EE. UU. (1930-1931) – 319 m**

8. Edificio Trump, EE. UU. (1930) – 283 m

9. **Edificio Woolworth, EE. UU. (1913-1930) – 241 m**

10. Edificio Metropolitan Life, EE. UU. (1909-1913) – 213 m

Empire State

A este rascacielos le cae una media de 23 rayos al año.

El observatorio de la planta 102 se diseñó originalmente como zona de facturación para los dirigibles que amarrarían en la azotea.

¡A GASTAR, A GASTAR!

Los centros comerciales son edificios enormes con cientos de tiendas. Los más grandes también albergan parques de atracciones, restaurantes y cines para que los compradores estén contentos y sigan gastando.

Megacentro comercial

El Dubai Mall es el centro comercial más grande del mundo en cuanto a superficie total, pero solo el 14.º más grande en cuanto a superficie alquilable (la zona de tiendas).

tiendas 1200

200 **restaurantes**

Cuenta con la tienda de chucherías más grande del mundo, Candylicious, que ocupa 930 m², es decir, **un campo y medio de fútbol**.

Recibe 80 millones de visitantes al año...

Población de Alemania: 80 996 000 habitantes

... Más que ningún otro lugar de la Tierra y casi la población total de Alemania.

Sus tiendas tienen unos ingresos de más de 3000 millones de euros al año.

1400 €

Suficiente para dar, cada año, 1400 € a cada habitante de Dubái.

Superficie total: 1 124 000 m²

Superficie alquilable: 350 000 m²

Ciudad del Vaticano: 440 000 m²

Supermercados

El primer supermercado de los EE. UU. fue King Kullen Supermarket, que se inauguró en agosto de 1930 en Jamaica Avenue (Nueva York).

En cambio, Jungle Jim's International Market, en Ohio (EE. UU.), ocupa más de 18 500 m², más de 30 veces la superficie de King Kullen Supermarket y tres veces el área de la Casa Blanca.

Walmart es una de las cadenas de supermercados más grandes del mundo.

Cuenta con …

… más de 11 000 tiendas

en

28 países

y un personal de

2,3 millones

LOS CENTROS COMERCIALES MÁS GRANDES (SUPERFICIE ALQUILABLE)

1. **New South China Mall (Dongguan, China) - 600 153 m²**

2. Golden Resources Mall (Pekín, China) – 557 419 m²

3. **SM Megamall (Mandaluyong, Filipinas) - 506 435 m²**

4. SM City North EDSA (Quezón, Filipinas) – 482 878 m²

5. **1 Utama (Petaling Jaya, Selangor, Malasia) - 465 000 m²**

6. Persian Gulf Complex (Shiraz, Irán) – 450 000 m²

7. **Central World (Bangkok, Tailandia) - 429 500 m²**

8. Isfahan City Center (Isfahán, Irán) – 425 000 m²

=9. **Mid Valley Megamall (Kuala Lumpur, Malasia) - 420 000 m²**

=9. Cevahir Mall (Estambul, Turquía) – 420 000 m²

¡QUÉ RICO!

Estas son las personas más ricas del mundo. Han acumulado grandes riquezas en sectores como la informática, la aviación, las telecomunicaciones y las inversiones.

¿Dónde viven los milmillonarios?

Este mapa muestra la distribución de los milmillonarios del mundo. La mayoría viven en **Europa** y **Rusia,** mientras que en **Oceanía** es donde menos hay.

Número total de milmillonarios **1682**

Norteamérica
441
26 %

6 %

Latinoamérica
94

LOS MÁS RICOS

1. **Jeff Bezos (EE. UU.) – 112 000 millones de dólares**

2. Bill Gates (EE. UU.) – 90 000 millones de dólares

3. **Warren Buffett (EE. UU.) – 84 000 millones de dólares**

4. Bernard Arnault y familia (Francia) – 72 000 millones de dólares

5. **Mark Zuckerberg (EE. UU.) – 71 100 millones de dólares**

6. Amancio Ortega (España) – 70 000 millones de dólares

7. **Carlos Slim y familia (México) – 67 100 mill. de dól.**

= 8. Charles Koch (EE. UU.) – 60 000 millones de dólares

= 8. **David Koch (EE. UU.) – 60 000 millones de dólares**

10. Larry Ellison (EE. UU.) – 58 500 millones de dólares

Bill Gates, el segundo hombre más rico del mundo, ha donado miles de millones de dólares a causas benéficas desde el año 2000, por medio de la Fundación Bill y Melinda Gates.

La ciudad más rica

La ciudad con más milmillonarios es Moscú. En ella viven...

... **84** milmillonarios, con una riqueza conjunta de **366 000 millones de dólares.**

Con esa cantidad se podrían comprar cerca de **750 000 lingotes de oro**

También supera el producto interior bruto (las ganancias anuales) de Sudáfrica.

Moscú

Europa y Rusia
505 **30 %**

29 %

Asia
488

1,5 %

África
25

Oriente Próximo
108

6,5 %

Oceanía
21

1 %

¿Adónde te lleva el dinero?

La riqueza total combinada de todos los milmillonarios del mundo suma **6,4 billones de dólares.**

Con ellos se podría dar a cada habitante del planeta

más de **900 dólares.**

Si cambiamos esta cantidad a monedas de 25 centavos y las apilásemos, la torre mediría **44,8 millones de kilómetros** de altura, es decir, casi **1120 vueltas al mundo** o más de...

... **58 viajes de ida y vuelta a la Luna.**

SIN ESCATIMAR EN GASTOS

‹‹‹···›

¡Bienvenido a los edificios más caros del mundo! Ofrecen servicios administrativos a medida, alojamiento hotelero y el culmen del lujo privado.

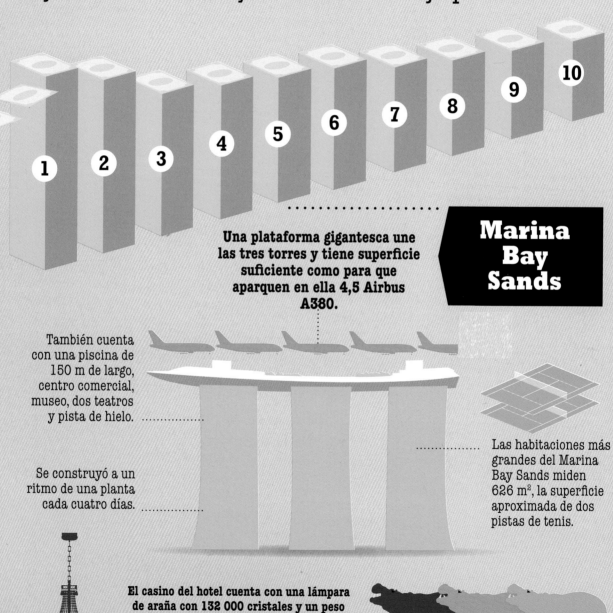

1 **2** **3** **4** **5** **6** **7** **8** **9** **10**

Una plataforma gigantesca une las tres torres y tiene superficie suficiente como para que aparquen en ella 4,5 Airbus A380.

Marina Bay Sands

También cuenta con una piscina de 150 m de largo, centro comercial, museo, dos teatros y pista de hielo. ....

Las habitaciones más grandes del Marina Bay Sands miden 626 m², la superficie aproximada de dos pistas de tenis.

Se construyó a un ritmo de una planta cada cuatro días. ....

El casino del hotel cuenta con una lámpara de araña con 132 000 cristales y un peso de 7,1 toneladas, aproximadamente como tres hipopótamos adultos.

LOS EDIFICIOS MÁS CAROS

1. **Marina Bay Sands (Singapur) – 6000 millones de dólares**

2. Resorts World Sentosa (Singapur) – 5380 millones de dólares

3. **Emirates Palace (Abu Dabi) – 4460 millones de dólares**

4. The Cosmopolitan (EE. UU.) – 4160 millones de dólares

5. **The Shard (Reino Unido) – 3900 millones de dólares**

6. One World Trade Center (EE. UU.) – 3800 millones de dólares

7. **Wynn Resort (EE. UU.) – 3260 millones de dólares**

8. Venetian Macau (Macao) – 2970 millones de dólares

9. **City of Dreams (Macao) – 2750 millones de dólares**

10. Antilia (India) – 2530 millones de dólares

El precio de estos edificios se ha modificado según la inflación, para que las cifras reflejen lo que habrían costado si se hubieran construido todos en 2012.

Una vida de lujo

El Burj al Arab es un hotel de siete estrellas de Dubái. Cuenta con nueve restaurantes y bares, un balneario, cuatro piscinas, su propia playa privada y un helipuerto en la azotea.

 ×9 ×4 ×1

 ×1

Una suite real puede costar hasta 11 435 $ la noche.

La habitación de hotel más cara

El ático suite real del Hotel President Wilson de Ginebra (Suiza) puede costar hasta **83 200 $ la noche.**

Cuenta con 12 dormitorios, 12 baños, gimnasio, mesa de billar y piano de cola.

La suite ocupa 1800 m², más que cuatro canchas de baloncesto.

Antilia

Se dice que Antilia es la residencia privada más cara del mundo. Cuenta con **tres helipuertos** y un garaje de varios pisos con capacidad para **168 coches.**

168

170 m

93 m

Antilia es propiedad del multimillonario indio Mukesh Ambani y se encuentra en la ciudad de **Mumbai (India).**

EN EXPOSICIÓN

<-····················>

Los museos de todo el mundo reciben cada año millones de visitantes. Estos edificios albergan preciadas obras de arte, huesos y fósiles de animales, reliquias, monumentos históricos e inventos increíbles. También cuentan con almacenes gigantes en los que guardan los objetos que no pueden exponer.

1
2
3
4

♦ = **500 000 visitantes**

El Smithsonian

El Smithsonian Institution es el complejo museístico más grande del mundo. Está formado por 19 museos y galerías y alberga más de

137 millones de objetos.

Si mirases un objeto cada minuto durante las 24 horas del día, tardarías más de 260 años en verlos todos.

1 min × × 24 h

= 260 años

El Museo Británico

Tiene en total 92 000 m² de espacio, de los cuales 21 600 m² son para almacenamiento (más otros 9400 m² en otros lugares).

El Museo Británico tiene capacidad para exponer unas 80 000 obras al mismo tiempo, lo que supone tan solo el 1 % de los 8 millones de obras que posee.

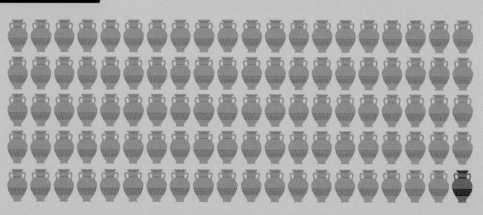

LOS MUSEOS MÁS VISITADOS

1. **Louvre (París) – 9 334 000 visitantes al año**
2. Museo Nacional de Historia Natural (Washington DC) – 8 000 000
3. **Museo Nacional de China (Pekín) – 7 450 000**
4. Museo Nacional del Aire y el Espacio (Washington DC) – 6 970 000
5. **Museo Británico (Londres) – 6 701 000**
6. Museo Metropolitano de Arte (Nueva York) – 6 280 000
7. **National Gallery (Londres) – 6 031 000**
8. Museos Vaticanos (El Vaticano) – 5 459 000
9. **Museo de Historia Natural (Londres) – 5 250 000**
10. Museo Americano de Historia Natural (Nueva York) – 5 000 000

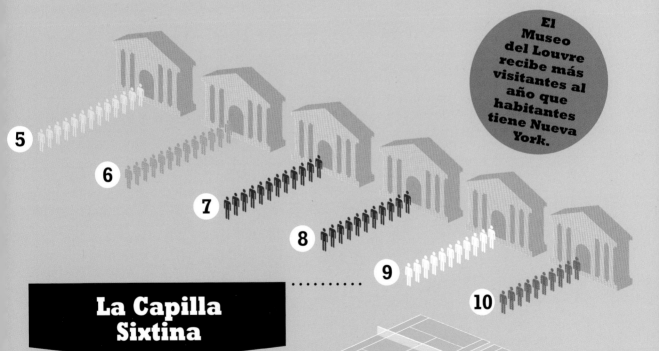

El Museo del Louvre recibe más visitantes al año que habitantes tiene Nueva York.

La Capilla Sixtina

El Vaticano, en Roma, cuenta con varios museos, incluida la Capilla Sixtina, en cuyo techo se puede observar un enorme fresco de Miguel Ángel.

El fresco ocupa una superficie de 800 m² (más de tres pistas de tenis) y Miguel Ángel tardó cuatro años en pintarlo (1508-1512).

OBRAS DE ARTE

Los siguientes cuadros son obras de algunos de los artistas más famosos de la historia. Aunque no todos lograron el éxito durante su vida, sus obras han terminado vendiéndose por cientos de millones de dólares.

1894–1895

1932

Colección de menor valor

El Museo del Arte Malo de Boston (EE. UU.) ostenta el récord a la colección de arte de menor valor. Sus 573 obras están tasadas en apenas 1197,35 $, es decir, **2,09 $ cada una.**

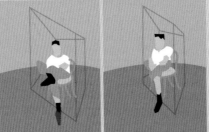

1969

1948

Vincent van Gogh creó más de **2000** obras de arte, pero en vida solo vendió **una**.

1953

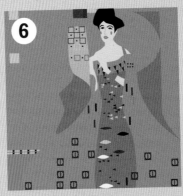

1907

El arte más antiguo

Se cree que unos rasguños de neandertales que se han encontrado en la pared de una cueva en Gibraltar y que datan de hace 40 000 años son la obra de arte más antigua de Europa.

LAS OBRAS DE ARTE MÁS CARAS

1. **Los jugadores de cartas, Paul Cézanne - 259 millones de dólares**

2. **El sueño, Pablo Picasso – 155 millones de dólares**

3. **Tres estudios de Lucian Freud, Francis Bacon - 142,4 millones de dólares**

4. **N.° 5, 1948, Jackson Pollock – 140 millones de dólares**

5. **Mujer III, Willem de Kooning - 137,5 millones de dólares**

6. **Retrato de Adele Bloch-Bauer I, Gustav Klimt – 135 millones de dólares**

7. **El grito, Edvard Munch - 119,9 millones de dólares**

8. Bandera, Jasper Johns – 110 millones de dólares

9. **Desnudo, hojas verdes y busto, Pablo Picasso – 106 millones de dólares**

10. La luz de Anna, Barnett Newman – 105,7 millones de dólares

1893

1954–1955

10

1968

1932

El hombre de Marree

Se trata de la obra de arte con forma humana más grande jamás creada. Se talló en el suelo, en Australia, y medía 4,2 km de largo. Apareció en 1998 y solo podía verse desde el aire. Nadie sabe quién lo hizo ni por qué.

4,2 km

Microarte

El británico Willard Wigan talla esculturas microscópicas. Son tan pequeñas que caben en el ojo de una aguja.

Tamaño real

LOS MÁS VENDIDOS

Cada año se venden y se leen miles de millones de libros, bien impresos, o bien en libro electrónico o tableta. Los siguientes escritores saben bien cómo crear un buen libro. Descubre a los autores más conocidos, más prolíficos y más vendidos de la historia.

Los récords de Shakespeare

Además de ser el autor más vendido de la historia, se cree que William Shakespeare inventó o introdujo más de **1700 nuevas palabras**.

Su obra más larga, *Hamlet*, cuenta con 4042 frases y 29 551 palabras. Ya solo el personaje de Hamlet dice 1569 frases.

Todas sus obras se recitaron durante 110 horas seguidas en 1987, en lo que fue la obra de teatro más larga de la historia.

El escritor con más películas

420 películas y largometrajes para televisión

Hamlet 79 películas

Romeo y Julieta 52 películas

Macbeth 36 películas

El libro más grande

El libro más grande del mundo es *Este es el profeta Mahoma*, publicado por la editorial Mshahed International Group de Dubái.

Mide 5 por 8,06 metros y pesa 1500 kg.

Es **más alto que una jirafa** y pesa más que 20 adultos o **aproximadamente lo mismo que un coche.**

AUTORES MÁS VENDIDOS
DE TODOS LOS TIEMPOS (VENTAS ESTIMADAS)

1. **William Shakespeare 2000-4500 millones**

2. Agatha Christie 2000-4000 millones

=3. **Barbara Cartland 500-1000 millones**

=3. Danielle Steel 500-1000 millones

5. **Harold Robbins 800 millones**

=6. Georges Simenon 500-800 millones

=6. **Charles Dickens 500-800 millones**

8. Sidney Sheldon 400-600 millones

9. **Enid Blyton 350-600 millones**

10. Robert Ludlum 300-500 millones

El camino a la felicidad

de L. Ron Hubbard es el libro no religioso más traducido del mundo. Puede leerse en 70 idiomas distintos, incluidos el samoano y el uzbeco.

La librería más grande

La librería más grande del mundo es Barnes & Noble de Nueva York (EE. UU.). Ocupa **14 330 m², la superficie de 2,5 campos de fútbol...**

... y cuenta con **20,71 km de estanterías.**

Lauran Bosworth Paine
1916-2001 **850 libros**

Kathleen Lindsay
1903-1973 **904 libros**

Ryoki Inoue
1946- **1086 libros**

Edward Stratemeyer
1862-1930 **1300 libros**

Corin Tellado
1927-2009 **4000 libros**

Los escritores más prolíficos

= **100 libros**

JUEGOS Y DIVERSIÓN

⟨• •⟩

Ponte el cinturón, agárrate fuerte y prepárate para descubrir el mundo de adrenalina de los mejores parques de atracciones del mundo. Reciben millones de visitantes y ofrecen las atracciones más alucinantes del planeta.

3 **Top Thrill Dragster**
Cedar Point, Sandusky, Ohio, EE. UU.
192 km/h

4 **Dodonpa**
Fuji-Q Highland, Yamanashi, Japón
171,2 km/h

=5 **Tower of Terror**
Dreamworld, Queensland, Australia
160 km/h

=5 **Superman: Escape from Krypton**
Six Flags Magic Mountain, Valencia, California, EE. UU.
160 km/h

La montaña rusa más alta

La montaña rusa más alta del mundo es Tower of Terror, del parque de atracciones Dreamworld, en Queensland (Australia). Mide 115,01 m de alto, más del doble de la altura de la **Columna de Nelson** de Londres (52 m) y un poco más baja que la **basílica de San Pedro** de Roma (138 m).

10 **Leviathan**
Canada's Wonderland, Maple, Ontario, Canadá
147,2 km/h

Formula Rossa

1

Ferrari World, isla de Yas, Abu Dabi

238,6 km/h

Kingda Ka

2

Six Flags Great Adventure, Jackson, Nueva Jersey, EE. UU.

204,8 km/h

Ferrari World es el parque de atracciones bajo techo más grande del mundo. Tiene una superficie total de 200 000 m2 y el área cubierta es de 86 000 m², como siete campos de fútbol americano.

Ferrari World

Formula Rossa, en el Ferrari World de Abu Dabi, es la montaña rusa más rápida del mundo. Acelera **de 0 a 100 km/h** en 2 segundos, tan rápido como un coche de Fórmula 1.

Ring racer

7

Nürburgring, Nürburg, Alemania

159 km/h

Steel Dragon

8

Nagashima Spa Land, Nagashima, Japón

152 km/h

En total, los diez parques de atracciones más visitados reciben a 126 669 000 visitantes al año, más que la población total de México.

Millennium Force

9

Cedar Point, Sandusky, Ohio, EE. UU.

148,8 km/h

LA GRAN PANTALLA

¡Luces, cámara y acción! Desde que se rodasen las primeras películas a finales del siglo XIX, no han dejado de producirse largometrajes que siguen batiendo récords de dinero recaudado, número de actores, tamaño y duración.

= 10 horas

1
2
3
4
5
6
7
8
9
10

Suresh Joachim, de Sri Lanka, batió un récord al pasarse **121 horas y 18 minutos** viendo películas. En total fueron más de cinco días.

Para el rodaje de **Wallace y Gromit: la maldición de las verduras,** Aardman Animation empleó **2845 kg de plastilina** para modelar los personajes.

Es decir, el doble de lo que pesa un coche.

2845 kg

GONE WITH THE WIND

CLARK GABLE
VIVIEN LEIGH
LESLIE HOWARD OLIVIA DE HAVILLAND

La película con mayor recaudación

Si se adapta el importe a la inflación, la película que más ha recaudado en la historia ha sido **Lo que el viento se llevó**. La cifra adaptada daría un total de **5362 millones de dólares**. En cambio, **Avatar** (2009), que ostenta el récord a la película con mayor recaudación (sin ajustarse a la inflación), recaudó **2800 millones de dólares**.

La película más pequeña

La película más pequeña de la historia es una película en *stop motion* realizada por IBM y que mide apenas **45 por 25 nanómetros.** Se rodó usando moléculas individuales, colocándolas y moviéndolas para cada toma. La película narra la historia de un niño que juega a la pelota.

El reparto más grande

Más de **300 000 actores y extras** participaron en una escena de la película **Gandhi** (1982); es decir, casi como toda la población de Islandia.

LAS PELÍCULAS MÁS LARGAS DE LA HISTORIA

1. **Modern Times Forever (2011) – 14 400 minutos (240 horas o 10 días)**

2. **Cinématon (1984) – 11 220 minutos (187 horas o 7 días y 19 horas)**

3. **Beijing 2003 (2004) – 9000 minutos (150 horas o 6 días y 6 horas)**

4. Matrjoschka (2006) – 5700 minutos (95 horas o 3 días y 23 horas)

5. **The Cure for Insomnia (1987) – 5220 minutos (87 horas o 3 días y 15 horas)**

6. The Longest Most Meaningless Movie in the World (1970) – 2880 minutos (48 horas)

7. ****** (1967) – 1500 minutos (25 horas)**

8. El reloj (2010) – 1440 minutos (24 horas)

9. **A Journal of Crude Oil (2008) – 840 minutos (14 horas)**

10. Tie Xi Qu: West of the Tracks (2003) – 551 minutos (9 horas y 11 minutos)

LA HORA MUSICAL

Los siguientes artistas son auténticas estrellas de la música. Son los que más canciones y discos han vendido, los que más han sonado, los que más veces han llegado al número uno y los que han tenido la carrera más larga del mundo.

Los artistas digitales (*singles* digitales)

El single digital más vendido de la historia es **Baby,** de Justin Bieber. Se publicó en 2010 y se ha descargado más de 12 millones de veces.

Artista	Ventas
Drake	42 millones
Rihanna	125 millones
Taylor Swift	120 millones
Eminem	107,5 millones
Katy Perry	98 millones

Más álbumes en el n.º 1

Thriller, de Michael Jackson, es el álbum más vendido de la historia, con más de 42 millones de copias vendidas desde su edición en 1982.

La canción más reproducida

Es posible que la canción de Disney **It's a small world** sea la más reproducida del mundo. Tiene más de 50 años y suena de forma continua en todos los parques de atracciones de la empresa. Se cree que se ha reproducido **más de 50 millones de veces.**

Durante una jornada de 16 horas, suena 1200 veces.

10
Bruce Springsteen
Elvis Presley
Barbra Streisand

La carrera más larga

El récord a la carrera más larga como artista musical pertenece a Judy Robinson. Publicó su primer disco en **1926** y el último, en **2003**.

77 años

Las ventas más rápidas

828 774

La cantante estadounidense Beyoncé ostenta el récord al álbum digital que más rápido se ha vendido en los EE. UU. En **2015, se descargó 828 774 veces** en solo tres días.

LOS ARTISTAS MUSICALES DE MÁS ÉXITO DE LA HISTORIA
(VENTAS MUNDIALES – MILLONES)

1. **Los Beatles – 600**
2. **Elvis Presley – 500-600**
3. **Michael Jackson – 300-400**
4. **Madonna – 275-300**
5. **Elton John – 250-300**
6. **Led Zeppelin – 300-300**
7. **Pink Floyd – 200-250**
8. **Rihanna – 191-200**
=9. **Mariah Carey – 175-200**
=9. **Celine Dione – 175-200**

Más discos

En 1975, el grupo británico de rock Led Zeppelin se convirtió en el primer grupo en contar con seis discos en las listas de ventas a la vez.

Música por *streaming*

Las canciones que se reproducen por *streaming* en Internet, en servicios como Spotify, suponen ya **más de un tercio** de los ingresos del sector musical.

13
Jay Z

19
Beatles

Pianistas de récord

En 2012 se estableció el récord a la mayor cantidad de músicos tocando un mismo piano, cuando 103 músicos se turnaron para tocar fragmentos del *Himno a la alegría* de Beethoven en un concierto en Japón.

A CUERPO DE REY

<····················>

Los palacios reales se encuentran entre los edificios más opulentos e imponentes del mundo. Sus estancias están engalanadas en el mayor de los lujos.

El Salón de los Espejos del Palacio de Versalles cuenta con **357** espejos.

El enorme Palacio del Louvre de París ocupa más de 1,5 veces la superficie del Pentágono.

La Ciudad Prohibida

La Ciudad Prohibida de Pekín forma parte de un complejo palaciego que abarca **74 hectáreas.**

Esta superficie es el triple de la que ocupa el Capitolio, en Washington DC (EE. UU.).

Palacio del Parlamento (Bucarest)

Es el edificio más pesado del mundo, con más de **700 000 toneladas** de acero y bronce...

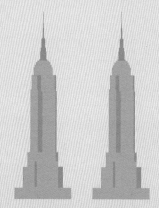

... Es el doble del peso del Empire State Building.

LOS PALACIOS REALES MÁS GRANDES

1. **Louvre (París, Francia) – 210 000 m²**

2. Istana Nurul Iman (Bandar Seri Begawan, Brunéi) – 200 000 m²

3. **Palacio Apostólico (Ciudad del Vaticano) – 162 000 m²**

4. Ciudad Prohibida (Pekín, China) – 150 000 m²

5. **Palacio Real de Madrid (Madrid, España) – 135 000 m²**

6. Palacio del Quirinal (Roma, Italia) – 110 500 m²

7. **Palacio de Buckingham (Londres, Reino Unido) – 77 000 m²**

8. Palacio de Topkapi (Estambul, Turquía) – 70 000 m²

9. **Palacio de Versalles (Versalles, Francia) – 67 000 m²**

10. Palacio Real de Estocolmo (Estocolmo, Suecia) – 61 120 m²

Está formado por un millón de metros cúbicos de mármol, con los que se podrían llenar

400 piscinas olímpicas.

En su interior hay **3500 toneladas** de cristal, el equivalente en peso a...

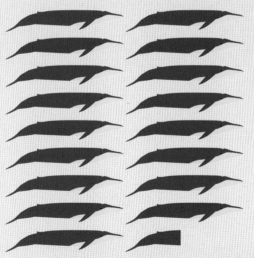

... 17,5 ballenas azules.

El cristal se usa en **1409** bombillas y espejos y en...

... **480** lámparas de araña.

Cuenta con 200 000 m² de alfombras, con los que se podrían cubrir...

... 4 campos de polo.

EDIFICIOS ANTIGUOS

Los edificios más antiguos del mundo se construyeron hace casi 7000 años. Suelen ser tumbas, monumentos o, como en el caso de Stonehenge, estructuras sorprendentes cuyo uso real sigue siendo un misterio.

Stonehenge

La construcción de este monumento antiguo se inició hace unos **5000 años** y duró **1000 años**.

Cada piedra pesa **22,5 toneladas…**

… el peso de cuatro elefantes.

Cómo se construyó

Haciendo uso de palancas, se introducían las piedras más grandes en fosos hasta que quedaran verticales. A continuación, se levantaban las piedras más pequeñas mediante palancas y plataformas y se colocaban encima de las piedras verticales.

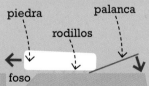

piedra palanca rodillos foso

Se desplazaban las piedras más grandes junto a los fosos usando rodillos. Luego, con una palanca, se levantaba uno de los extremos de la piedra

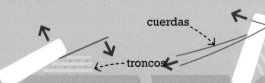

cuerdas troncos

Se colocaban troncos debajo del extremo alzado para que no se moviera. Entonces seguían levantando el extremo aún más con la palanca.

Luego se ataban cuerdas para levantar la piedra y colocarla en vertical, con un extremo en el foso.

Por último, se llenaba de tierra el foso para sujetar la piedra en vertical.

LOS EDIFICIOS MÁS ANTIGUOS DEL MUNDO

=1. **Barnenez, Francia – aprox. 4800 a.C.**

=1. **Túmulo de Bougon, Francia – aprox. 4800 a.C.**

=1. **Túmulo Saint-Michel, Francia – aprox. 4800 a.C.**

=4. **Wayland's Smithy, Reino Unido – aprox. 3700 a.C.**

=4. **Knap de Howar, Reino Unido – aprox. 3700 a.C.**

=4. **Ggantija, Malta – aprox. 3700 a.C.**

7. **Túmulo alargado de West Kennet, Reino Unido – aprox. 3650 a.C.**

8. **Listoghil, Irlanda – aprox. 3550 a.C.**

=9. **Sechin Baho, Perú – aprox. 3500 a.C.**

=9. **La Hougue Bie, Jersey (Reino Unido) – aprox. 3500 a.C.**

Pirámides gigantes

Egipto cuenta con unas **140 pirámides,** que se construyeron como cámaras funerarias para personajes importantes. Pueden ser escalonadas, acodadas o completamente triangulares.

Triangular – Guiza

Acodada – Dahshur

Escalonada – Saqqara

Estas construcciones antiguas tienen más de 4500 años. La **pirámide de Keops** es la más grande y está formada por **2,3 millones de piedras** y pesa más de **5 millones de toneladas.**

En grupo, los trabajadores arrastraban las pesadas piedras por rampas ascendentes que envolvían la pirámide.

Originalmente medía 147 m de altura y, durante más de 3500 años, fue el edificio más alto del mundo.

rampas internas

rampa

Pirámide de Micerino

Pirámides de las reinas

Pirámide de Kefrén

Pirámide de Keops

Las pirámides de Guiza

TENDIENDO PUENTES

Los mayores puentes del mundo son auténticas hazañas tecnológicas, capaces de soportar el peso de miles de toneladas de camiones, coches y autobuses, sobre anchos ríos, valles profundos e incluso el mar.

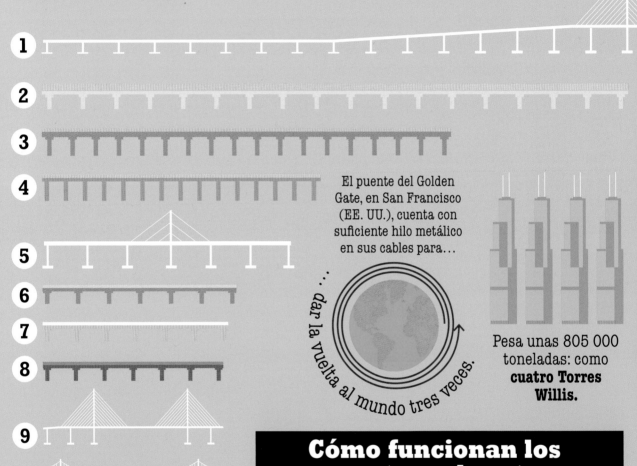

El puente del Golden Gate, en San Francisco (EE. UU.), cuenta con suficiente hilo metálico en sus cables para…

…dar la vuelta al mundo tres veces.

Pesa unas 805 000 toneladas: como **cuatro Torres Willis.**

Cómo funcionan los puentes colgantes

Los puentes colgantes se sirven de largos cables que cuelgan de **torres** muy altas para sostener la carretera o plataforma. La fuerza hacia abajo de la plataforma se compensa con la **tensión** de los cables y la **compresión** de las torres.

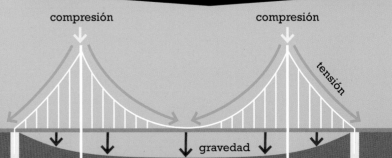

compresión   compresión

tensión

gravedad

80

Altas torres

El viaducto de Millau, en Francia, es el puente más alto del mundo, con una altura de 343 m (más que la Torre Eiffel).

343 m

La longitud del puente más largo del mundo es mayor que la distancia entre Nueva York y Filadelfia.

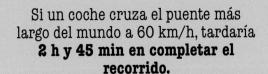

Si un coche cruza el puente más largo del mundo a 60 km/h, tardaría **2 h y 45 min en completar el recorrido.**

LOS PUENTES MÁS LARGOS

1. **Gran puente de Danyang-Kunshan (China) – 164 800 m**
2. **Gran puente de Tianjin (China) – 113 700 m**
3. **Gran puente de Weinan Weihe (China) – 79 732 m**
4. **Autopista de Bang Na (Tailandia) – 54 000 m**
5. **Gran puente de Pekín (China) – 48 153 m**
6. **Calzada del lago Pontchartrain (EE. UU.) – 38 442 m**
7. **Puente del pantano Manchac (EE. UU.) – 36 710 m**
8. **Puente de Yangcun (China) – 35 812 m**
9. **Puente de la bahía de Hangzhou (China) – 35 673 m**
10. **Puente de Runyang (China) – 35 660 m**

El puente más ancho

El puente más ancho del mundo es el puente de la bahía de San Francisco-Oakland, en California (EE. UU.). Mide **78,7 m** de ancho, es decir, más de 10 m más que la envergadura de un **avión Jumbo 747-8.**

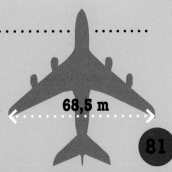

68,5 m

¡ESTO NO ESTÁ RECTO!

Hay edificios diseñados a propósito para ser distintos a los demás, mientras que otros sufrieron problemas durante su construcción. Estos son los edificios más inclinados, algunos adrede y otros por defectuosos.

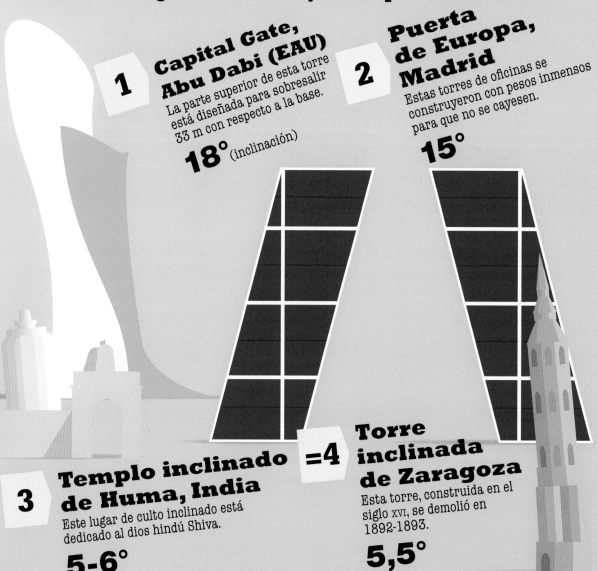

1 Capital Gate, Abu Dabi (EAU)
La parte superior de esta torre está diseñada para sobresalir 33 m con respecto a la base.

18° (inclinación)

2 Puerta de Europa, Madrid
Estas torres de oficinas se construyeron con pesos inmensos para que no se cayesen.

15°

3 Templo inclinado de Huma, India
Este lugar de culto inclinado está dedicado al dios hindú Shiva.

5-6°

=4 Torre inclinada de Zaragoza
Esta torre, construida en el siglo XVI, se demolió en 1892-1893.

5,5°

Un edificio que derrite

luz solar

La forma curvada de este edificio de la City de Londres, apodado «el walkie-talkie», desvía accidentalmente la luz del sol a un punto concreto de una de las calles de alrededor, donde se generan temperaturas de más de 90 °C. A esas temperaturas, se fundirían los elementos plásticos de los coches e incluso se podría freír un huevo.

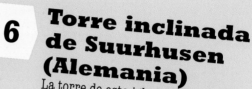

=4 Torre inclinada de Niles (EE. UU.)

Esta reproducción a mitad de tamaño de la torre inclinada de Pisa se construyó en 1934.

5,5°

6 Torre inclinada de Suurhusen (Alemania)

La torre de esta iglesia empezó a inclinarse cuando se pudrieron sus vigas de madera.

5,19°

7 Torre inclinada de Pisa

Esta torre, construida como campanario, está inclinada porque se construyó sobre suelo blando y sin los cimientos adecuados.

3,99°

8 Torre de Garisenda, Bolonia (Italia)

Es la menor de las dos torres inclinadas de Bolonia, pero también la más inclinada.

3,8°

=9 Torre inclinada de Nevyansk (Rusia)

La inclinación de esta torre se debe a que cede el terreno sobre el que está construida.

3°

=9 Pagoda de Yunyan (China)

Las grietas en las columnas de carga son las causantes de que esta torre de 47 m esté inclinada hacia un lado.

3°

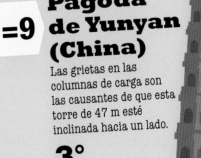

Antes de la construcción del Burj Khalifa, la estructura artificial de mayor altura era una torre de radio situada cerca de Varsovia (Polonia). Medía 646,38 m, es decir, como la longitud de 45 autobuses en fila. Se derrumbó el 8 de agosto de 1991.

SUPERCÚPULAS

Como las cúpulas no disponen de ángulos ni superficies planas, son formas muy robustas que pueden cubrir áreas inmensas. Podemos encontrar cúpulas en iglesias, mercados y estadios.

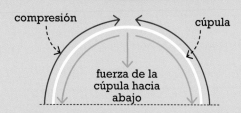

compresión

cúpula

fuerza de la cúpula hacia abajo

Las cúpulas son muy parecidas a los arcos. El peso de la parte superior se distribuye por las paredes creando una presión (o compresión) que fija la estructura y la hace aún más resistente.

Catedral de San Pablo

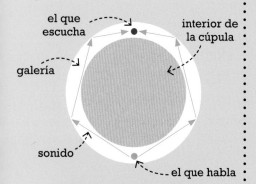

La catedral de San Pablo, en Londres, tiene una de las cúpulas de catedral más grandes del mundo. Pesa unas **65 000 toneladas,** más o menos como un portaaviones de los grandes.

el que escucha

interior de la cúpula

galería

sonido

el que habla

La primera planta de la cúpula se llama la Galería de los Susurros. Gracias a su acústica tan particular, si se susurra en un punto de la galería se puede escuchar en el opuesto.

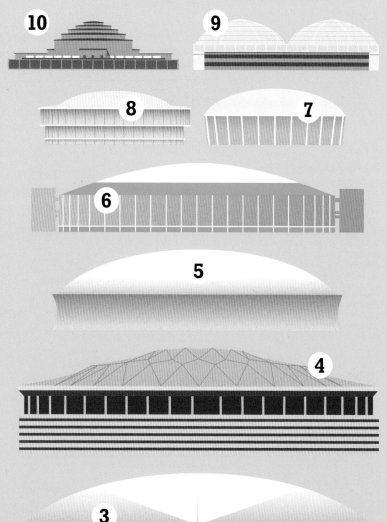

10

9

8

7

6

5

4

3

LAS CÚPULAS MÁS GRANDES A LO LARGO DE LA HISTORIA

1. **Nuevo Estadio Nacional de Singapur, Singapur (2014-) – 312 m**

2. Estadio de los Cowboys, EE. UU. (2009-2014) – 275 m

3. **Estadio Oita, Japón (2001-2009) – 274 m**

4. Georgia Dome, EE. UU. (1992-2001) – 256 m

5. **Louisiana Superdome, EE. UU. (1975-1992) – 207 m**

6. Astrodome, EE. UU. (1965-1975) – 195,5 m

7. **Sala 1 de la Feria de Belgrado, Serbia (1957-1965) – 109 m**

8. Bojangles' Coliseum, EE. UU. (1955-1957) – 101,5 m

9. **Mercado de Leipzig, Alemania (1930-1955) – 65,5 m**

10. Centro del Centenario, Polonia (1913-1930) – 65 m

2

1

El Nuevo Estadio Nacional de Singapur mide 82,5 m de alto, tres quintos de la altura de la pirámide de Keops (véase página 79).

Cúpulas geodésicas

Las cúpulas geodésicas combinan arcos y triángulos para crear una cubierta amplia y ligera.

El Domo de Fukuoka (Japón) es una de las mayores cúpulas geodésicas del mundo. Este estadio de béisbol tiene capacidad para **30 000 personas** y mide 84 m de alto, casi tanto como la **Estatua de la Libertad.**

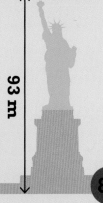

93 m

EN MOVIMIENTO

Cada año, millones de personas viajan por el mundo en aviones que despegan de inmensos aeropuertos o en trenes que parten de concurridas estaciones. Al mismo tiempo, los gigantescos buques de carga transportan miles de millones de toneladas de mercancías a ajetreados puertos y terminales de carga.

= 5 000 000 de pasajeros

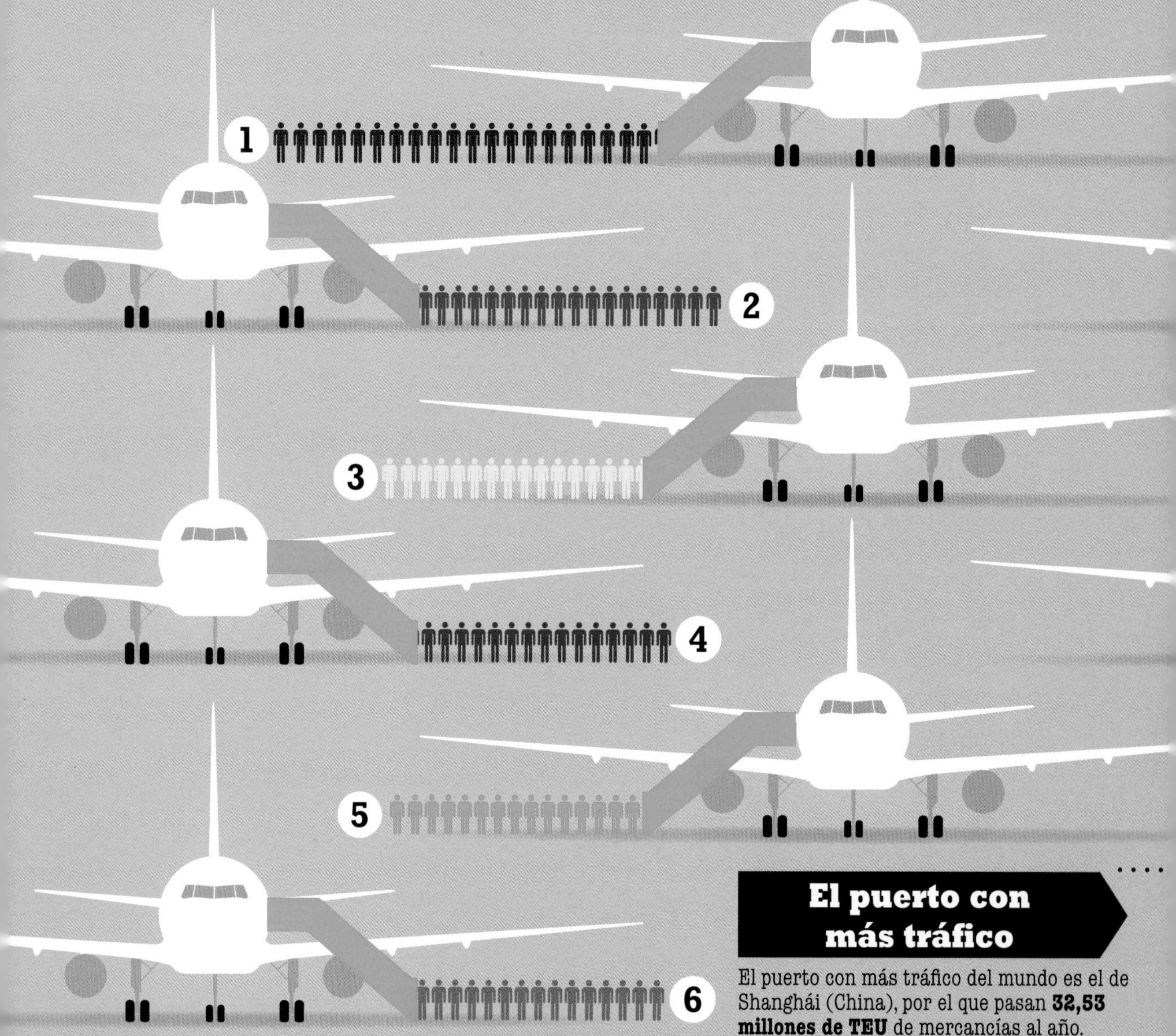

1

2

3

4

5

El puerto con más tráfico

El puerto con más tráfico del mundo es el de Shanghái (China), por el que pasan **32,53 millones de TEU** de mercancías al año.

6

LOS AEROPUERTOS CON MÁS TRÁFICO

1. **Atlanta (EE. UU.) – 101 491 106 pasajeros al año**

2. Pekín (China) – 90 203 000

3. **Dubai International Airport (EAU) – 78 014 838**

6. Chicago O'Hare International Airport (EE. UU.) – 76 949 336

5. **Tokyo (Japón) – 75 300 000**

6. Heathrow (Reino Unido) – 74 954 289

7. **Los Ángeles (EE. UU.) – 74 936 256**

8. Hong Kong (China) – 68 488 000

9. **París CDG (Francia) – 65 766 986**

10. Dallas/Fort Worth (EE. UU.) – 64 174 163

Aproximadamente el 93 % de los pasajeros que pasan por el aeropuerto de Heathrow lo hacen en vuelos internacionales. En el aeropuerto de Atlanta, la cifra es tan solo del 10 %.

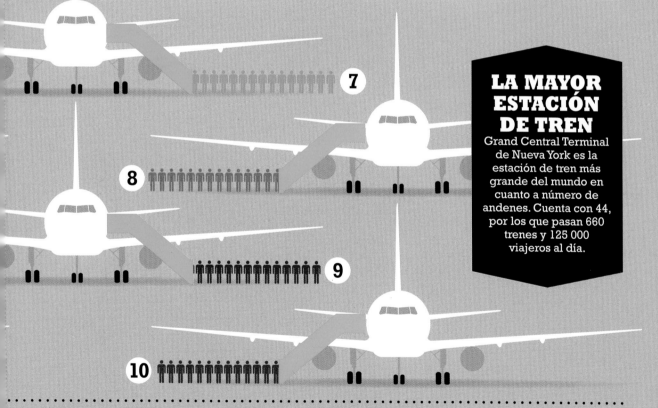

LA MAYOR ESTACIÓN DE TREN

Grand Central Terminal de Nueva York es la estación de tren más grande del mundo en cuanto a número de andenes. Cuenta con 44, por los que pasan 660 trenes y 125 000 viajeros al día.

«TEU» viene del inglés *twenty-foot equivalent units* ('unidad equivalente a veinte pies') y es la cantidad de mercancías que cabe en un contenedor de envíos estándar: **38,5 m³**, o aproximadamente…

250 bañeras llenas de agua.

Esto implica que por el puerto de Shanghái pasan aproximadamente **1250 millones de m³** de mercancías al año o **140 000 m³** a la hora (trabajando 24 horas al día y 365 días al año).

Con esa cantidad se podrían llenar 20 dirigibles.

87

DISEÑOS ESPACIALES

<···>

Las estaciones espaciales están diseñadas para que puedan vivir en ellas tripulantes humanos durante meses. Son como casas en el espacio, con instalaciones para dormir, comer, asearse y trabajar.

1 **Estación Espacial Internacional (ISS)**
La ISS la construyeron varios países en colaboración.

907 m³ (volumen de espacio presurizado)

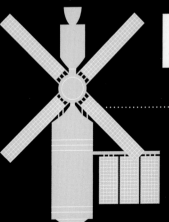

2 **Skylab (EE. UU.)**
Orbitó la Tierra desde 1973 hasta que en 1979 se incendió al contactar con la atmósfera.

360 m³

3 **Mir (URSS/Russia)**
Fue la primera estación espacial en ir construyéndose por fases. Orbitó entre 1988 y 2001.

350 m³

=4 **Salyut 5 (URSS)**
Esta estación espacial estuvo en órbita poco más de un año, pero solo estuvo ocupada 67 días.

100 m³

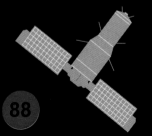

=4 **Salyut 1 (URSS)**
Esta fue la primera estación espacial de la historia, lanzada en 1971.

100 m³

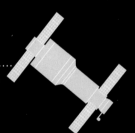

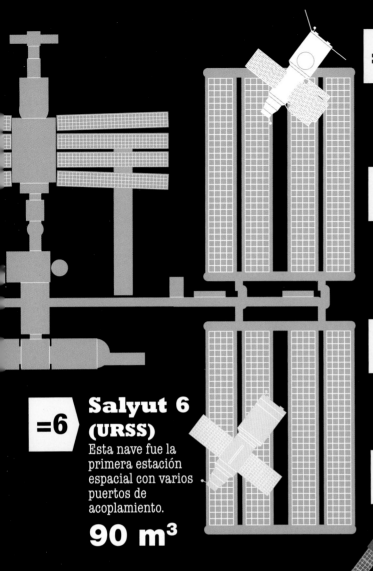

Salyut 7 (URSS)

=6

Esta fue la última estación del programa Salyut. La sustituyó la Mir.

90 m³

Salyut 4 (URSS)

=6

Esta estación espacial orbitó alrededor de la Tierra más de 12 000 veces.

90 m³

Salyut 3 (URSS)

=6

Esta estación espacial solo estuvo ocupada 15 días.

90 m³

Salyut 6 (URSS)

=6

Esta nave fue la primera estación espacial con varios puertos de acoplamiento.

90 m³

Tiangong 1 (China)

10

La primera estación espacial de China. Su nombre significa «lugar celestial».

14,4 m³

Curiosidades sobre la ISS

La ISS pesa 419,455 toneladas, aproximadamente lo mismo que dos ballenas azules.

Se construyó por fases: se lanzaron los distintos módulos al espacio y se acoplaron en órbita. El primer módulo, el Zarya, pesaba solo 19,3 toneladas.

Zarya FGU

Sus inmensos paneles solares pueden producir una energía total de 110 kw, con los que se podría proporcionar electricidad a 55 viviendas.

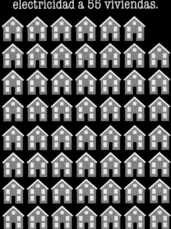

Orbita a una velocidad de 28 000 km/h, y cada hora rodea aproximadamente dos tercios del planeta.

En un solo día se desplaza la distancia equivalente a un viaje de ida y vuelta entre la Tierra y la Luna.

El interior de la Estación Espacial Internacional tiene el mismo volumen que un avión Boeing 747: en él cabrían 19 millones de pelotas de tenis de mesa. Contiene laboratorios, un observatorio, aseos, instalaciones de baño y dormitorios para los astronautas.

89

EN EL ESPACIO

El ser humano lleva más de 50 años explorando el espacio, usando robots o enviando a gente. La nave espacial Voyager 1, lanzada por primera vez en 1977, ha recorrido unos 19 000 millones de kilómetros, más que ningún otro objeto fabricado por el hombre.

Distancia recorrida por *rovers* extraterrestres

Como se ha podido comprobar, los *rovers* robots son extremadamente útiles a la hora de explorar otros cuerpos del sistema solar. Muchos han continuado más allá de la misión para la que los habían programado y han enviado información fundamental.

Sojourner (Marte) – 0,1 km
Este pequeño *rover* estuvo activo en la superficie de Marte de julio a septiembre de 1997.

Spirit (Marte) – 7,7 km
Este *rover* estuvo activo desde 2004 hasta que se quedó atascado en suelo marciano y perdió contacto en 2010.

Curiosity (Marte) – 8,6 km
El Curiosity, del tamaño aproximado de un coche pequeño, aterrizó en Marte en 2012.

Lunokhod (Luna) – 10,5 km
Este vehículo soviético fue el primer *rover* robot en explorar otro objeto del sistema solar. Estuvo en funcionamiento desde noviembre de 1970 hasta septiembre de 1971.

Eugene Cernan condujo el *rover* lunar del Apolo XVII a 17 km/h, lo que supone un récord de velocidad de *rovers* extraterrestres.

Roca lunar

Entre 1969 y 1972, las misiones Apolo se trajeron a la Tierra **382 kg** de muestras de rocas lunares: un peso superior al de **cinco personas.**

LOS VUELOS ESPACIALES TRIPULADOS MÁS LARGOS

1. **Valeri Polyakov (Rusia) 437,7 días (1994-5)**

2. Sergei Avdeyev (Rusia) 379,6 días (1998-9)

3. **Vladimir Titov y Musa Manarov (URSS) 365,0 días (1987-8)**

4. Yuri Romanenko (URSS) 326,5 días (1987)

5. **Sergei Krikalev (URSS /Rusia) 311,8 días (1991-2)**

6. Valeri Polyakov (URSS) 240,9 días (1988-9)

7. **Leonid Kizim, Vladimir Solovyov, Oleg Atkov (URSS) 237,0 días (1984)**

8. Mikhail Tyurin, Michael López-Alegría (Rusia, EE. UU.) 215,4 días (2006-7)

9. **Anatoli Berezovoy, Valentin Lebedev (URSS) 211,4 días (1982)**

10. Talgat Musabayev, Nikolai Budarin (Rusia) 207,5 días (1998)

Animales en el espacio

Entre los animales mandados al espacio se encuentran perros, gatos, chimpancés, monos, arañas, ranas, peces, cigarras y hormigas.

También enviaron unas criaturas diminutas llamadas tardígrados (osos de agua), a los que se expuso a las temperaturas gélidas del espacio **(-272 °C)** durante 10 días… ¡y **sobrevivieron!**

Rover del Apolo XVI (Luna) – 27,1 km
Los astronautas John Young y Charles Duke condujeron este *rover* por la Luna en 1972.

Rover del Apolo XV (Luna) – 27,8 km
David Scott y James Irwin usaron este *rover* durante su estancia de tres días en la Luna en 1971.

Rover del Apolo XVII (Luna) – 38,74 km
El último *rover* de un Apolo lo condujeron Eugene Cernan y Harrison Schmitt en 1972.

Lunokhod 2 (Luna) – 39 km
Este *rover* lunar soviético estuvo activo de enero a mayo de 1973.

Opportunity (Marte) – 40,25 km
Este *rover* idéntico al Spirit lleva más de 10 años activo.

Comida en el espacio

La comida de los astronautas se precocina o se procesa para que no haga falta refrigerarla. Los astronautas tienen para comer 1,7 kg de alimento al día, lo mismo que pesan…

… **cuatro latas de sopa.**

EL SISTEMA SOLAR

<······················>

La familia de planetas, planetas enanos y pequeños cuerpos como asteroides se llama sistema solar. En el centro se halla una bola de gas ardiente, el Sol. ¿Cuáles son los cuerpos más grandes del sistema solar?

6 Tierra
La Tierra es el tercer planeta desde el Sol y cuenta con un satélite natural, la Luna.

12 742 km

7 Venus
El segundo planeta desde el Sol tiene una atmósfera tan densa que no permite ver su superficie.

12 104 km

8 Marte
Marte se apoda el planeta rojo porque su superficie es rica en óxido de hierro.

6780 km

9 Ganimedes
Ganimedes, en la órbita de Júpiter, es la luna más grande del sistema solar, mayor que Mercurio.

5268 km

10 Titán
Titán es la luna más grande de Saturno y su superficie cuenta con mares, lagos y río de metano y etano.

5152 km

Planeta gigante

Júpiter tiene un volumen unas 1320 veces superior al de la Tierra, un **diámetro** 11 veces más grande y una superficie 120 veces **mayor**.

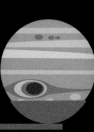

Sin embargo, su masa es apenas 317 veces la de la Tierra, ya que su densidad es la cuarta parte de la de nuestro planeta.

Zona de habitabilidad

Si un planeta está muy cerca del Sol, hace demasiado calor como para que haya vida en él. Sin embargo, si está muy lejos, hace demasiado frío. Entre ambos extremos existe una región denominada zona de habitabilidad, donde las condiciones son perfectas para la existencia de vida.

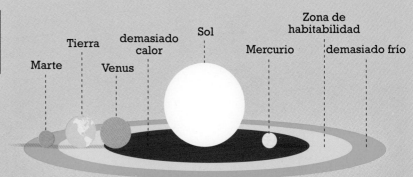

Marte · Tierra · Venus · demasiado calor · Sol · Mercurio · Zona de habitabilidad · demasiado frío

Urano

4

Este planeta es de color azul intenso porque su atmósfera contiene mucho metano.

50 724 km

Neptuno

5

Este planeta es casi del mismo tamaño que Urano y tarda cerca de 165 años en dar una vuelta al Sol.

49 244 km

Saturno

3

Saturno está rodeado de un sistema de anillos brillantes compuesto de pedazos de hielo y roca.

116 464 km

Júpiter

2

Júpiter es el quinto planeta desde el Sol y el más grande del sistema solar.

142 984 km

Curiosidades sobre el Sol

Sol

1

El Sol emite luz y calor al unir átomos de hidrógeno, lo que genera energía.

1 391 016 km

El Sol supone el 99,8 % de la masa total del sistema solar.

Seguirá brillando durante 5500 millones de años más, cuando empezará a crecer hasta superar la órbita de la Tierra y finalmente se encogerá hasta quedarse como una diminuta estrella enana blanca.

GIRA Y GIRA

<--->

Todos los planetas giran alrededor de su eje, lo que crea los días y las noches. Júpiter es el planeta del sistema solar que gira más rápido y su día solo dura 9,8 horas terrestres.

PLANETAS Y PLANETAS ENANOS CON LOS DÍAS MÁS LARGOS (HORAS TERRESTRES)

1. **Venus – 245 días 0 horas 25 minutos 55 segundos**

2. Mercurio – 58 días 15 horas 30 minutos 14 segundos

3. **Sol – 25 días 9 horas 7 minutos 26 segundos**

4. Plutón – 6 días 9 horas 17 minutos 17 segundos

5. **Eris – 1 día 1 hora 53 minutos 46 segundos**

6. Marte – 24 horas 37 minutos 26 segundos

7. **Tierra – 23 horas 56 minutos 41 segundos**

8. Makemake – 22 horas 29 minutos 17 segundos

9. **Urano – 17 horas 13 minutos 55 segundos**

10. Neptuno – 16 horas 6 minutos 4 segundos

La duración de las estaciones

Marte
7 meses

Tierra
90-93 días

Venus
55-58 días

Júpiter
3 años

Saturno
7 años

Urano
20 años

Los planetas se mueven alrededor del Sol siguiendo su **órbita**. Puesto que los planetas están **inclinados,** en distintos puntos de las órbitas miran hacia el Sol diferentes zonas de cada planeta, lo que crea las **estaciones**. La duración de las estaciones de los planetas depende en gran medida de su **inclinación** y del **tamaño** de la órbita.

Cambio de forma

Los giros tan rápidos de Júpiter **aplastan** ligeramente el planeta, que toma una forma denominada esferoide achatado. Es más de **4500 km más ancho que alto.**

138 346,5 km

142 984 km

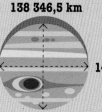

Inclinación axial

Los cuerpos que componen el sistema solar giran sobre sí mismos en distintos ángulos denominados **inclinación axial.** Las siguientes imágenes muestran los planetas del sistema solar con mayor inclinación axial.

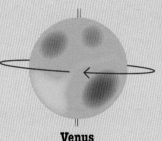

Venus
177,3°

Venus

El planeta Venus en realidad gira en **dirección contraria** a los demás planetas, lo que se conoce como **rotación retrógrada.** Si la Tierra rotase en la misma dirección que Venus, el Sol saldría por el oeste y se pondría por el este.

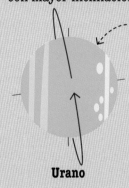

Urano tiene el eje a un ángulo de 98° y rota de lado.

Urano

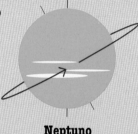

Neptuno
28,32°

Saturno
26,7°

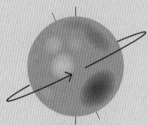

Marte
25°

Tierra
23,5°

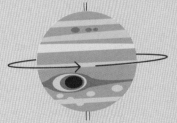

Júpiter
3,13°

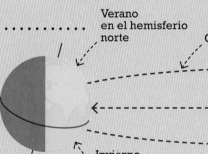

Verano en el hemisferio norte

Órbita de la Tierra

Invierno en el hemisferio norte

Invierno en el hemisferio sur

Verano en el hemisferio sur

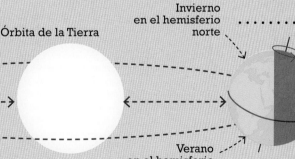

Neptuno
40 años

SUPERFICIALMENTE

Los cuatro planetas más próximos al Sol tienen una superficie rocosa cubierta de altísimas cumbres, grandes desfiladeros y las cicatrices de impactos de asteroides y cometas.

Olympus Mons

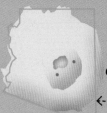

Este volcán marciano ocupa la misma extensión que el estado de Arizona (EE. UU.).

Arizona

Tiene una altura **tres veces** superior a la del Everest.

Los seis cráteres (calderas) de la cima miden unos 85 km de ancho, casi dos veces el área metropolitana de Londres, que mide 48 km de ancho.

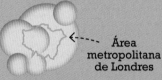

Área metropolitana de Londres

Seis cráteres

Valles Marineris

Este inmenso cañón de Marte tiene una profundidad de hasta 10 km, es decir, diez veces mayor que el Gran Cañón del Colorado.

Ocupa aproximadamente el 20 % de **Marte** y, si estuviera en la Tierra, cruzaría toda **Norteamérica**.

2

4

6

7

La gran montaña Pavonis Mons, en Marte, tiene un diámetro de 375 km.

10

Si se mide desde el fondo marino, el Mauna Kea —uno de los cinco volcanes que componen la isla de Hawái, en EE. UU.— es la montaña más alta de la Tierra.

LAS MONTAÑAS MÁS ALTAS DEL SISTEMA SOLAR (ALTURA)

1. **Olympus Mons (Marte) – 24,8 km**

2. Rheasilvia Mons (Vesta) – 21,1 km

3. **Cordillera ecuatorial (Jápeto) – 19,8 km**

4. Ascraeus Mons (Marte) – 18,1 km

5. **Boösaule Montes (Ío) – 17,4 km**

6. Arsia Mons (Marte) – 15,8 km

7. **Pavonis Mons (Marte) – 13,9 km**

8. Elysium Mons (Marte) – 12,5 km

9. **Maxwell Montes (Venus) – 10,9 km**

10. Mauna Kea (Tierra) – 9,1 km

Un asteroide de 100 km de diámetro impactó en Mercurio hace unos 4000 millones de años y dejó un cráter gigante llamado la cuenca de Caloris. Mide 1550 km de punta a punta y en él cabría el estado de Texas (EE. UU.).

El Olympus Mons está rodeado de un acantilado de unos 10 km de altura.

El Boösaule Montes se sitúa en una de las lunas de Júpiter, Ío, que es el cuerpo con más actividad volcánica del sistema solar.

El Maxwell Montes es una cordillera de unos 850 km de largo y 700 km de ancho.

UN FUERTE IMPACTO

El sistema solar no es precisamente un lugar seguro. Lo surcan millones de fragmentos de roca y hielo a velocidades increíbles, que a veces chocan contra los planetas con resultados devastadores.

El impacto de Yucatán

Hace unos **66 millones de años,** un objeto de unos 10 km de diámetro cayó en la Tierra con la fuerza de aproximadamente **mil millones de bombas atómicas.**

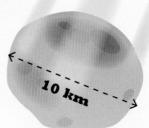

10 km

El objeto viajaba a una velocidad de casi **30 km por segundo,** es decir, 150 veces más rápido que un **avión.**

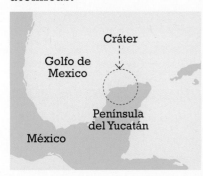

Golfo de Mexico

Cráter

Península del Yucatán

México

En el momento del impacto, el asteroide produjo un **cráter** de **100 km** de diámetro y unos **30 km** de profundidad.

100 km

30 km

Es probable que el impacto generase un **tsunami** gigantesco, de **4-5 km** de altura (como 6,5 veces la altura del **Burj Khalifa).**

4-5 km

La colisión arrojó tanto **polvo y contaminación** que los científicos creen que impidió el paso de la luz solar durante **seis meses,** lo que causó…

… lluvia ácida,…

… imposibilidad de fotosíntesis…

… y una reducción global de la temperatura.

Este **cambio de las condiciones** del planeta fue tal que originó la **extinción** de los **dinosaurios.**

Shoemaker-Levy 9

En 1994, varios fragmentos del cometa Shoemaker-Levy 9 impactaron en Júpiter con una fuerza increíble. Los fragmentos viajaban a una velocidad de 216 000 km/h.

La pieza más grande medía **3-4 km** de diámetro y dejó un agujero en su atmósfera de un tamaño **dos veces superior al de la Tierra.**

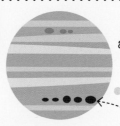

Tierra

Marcas del impacto

LOS MAYORES CRÁTERES DEL SISTEMA SOLAR (DIÁMETRO)

1. **Cuenca Borealis (Marte) – 8500 km**
2. Valhalla (Calisto) – 4000 km
3. **Cuenca Aitken del polo sur (Luna) – 2500 km**
4. Cuenca de Hellas (Marte) – 2100 km
5. **Cuenca Argyre (Marte) – 1800 km**
6. Cuenca Caloris (Mercurio) – 1550 km
7. **Isidis Planitia (Marte) – 1500 km**
8. Asgard (Calisto) – 1.400 km
9. **Mare Imbrium (Luna) – 1100 km**
10. Turgis (Jápeto) – 580 km

Cómo se formó la Luna

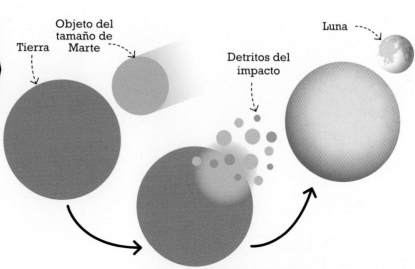

Tierra

Objeto del tamaño de Marte

Detritos del impacto

Luna

Hace unos 4600 millones de años, un objeto del tamaño de **Marte** impactó contra la **Tierra,** lo que hizo que salieran despedidos detritos que se aglomeraron y formaron la **Luna**.

El meteorito de Cheliábinsk

En 2013, una roca de **20 m** de diámetro y una masa de **10 000 toneladas** penetró en la atmósfera terrestre y explotó en el aire, en Rusia. **La explosión hirió a 1200 personas.** Tuvo una fuerza equivalente a **500 kilotones** de TNT, cerca de **30 veces** la fuerza de la bomba atómica que se lanzó sobre Hiroshima.

CUERPOS PEQUEÑOS

<‹ ·· ›>

Los cometas y los asteroides serán pequeños en comparación con los planetas, pero gracias a ellos podemos contemplar en el cielo espectáculos tales como estrellas fugaces y brillantes estelas. El sistema solar está repleto de millones de pequeños cuerpos celestes.

La Luna

① ② 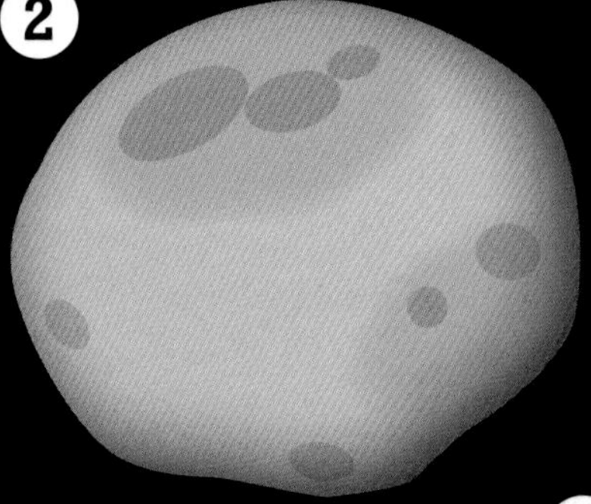 ③ 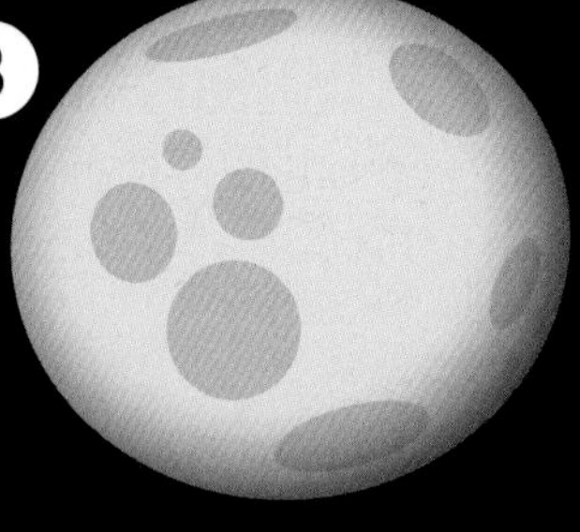 ④ 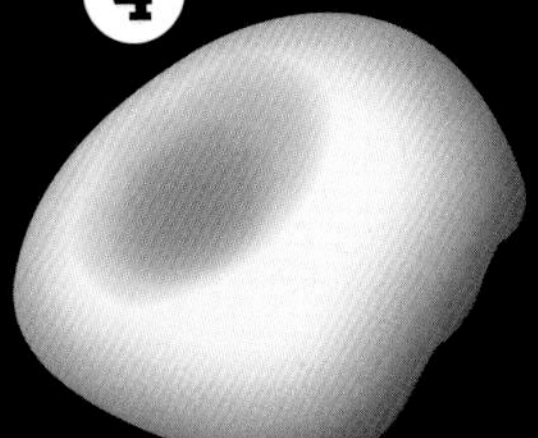 ⑤ 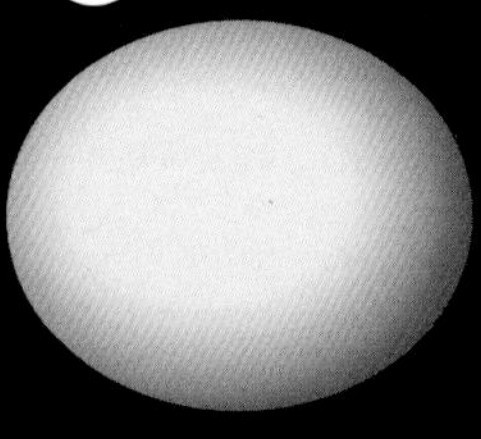 ⑥ 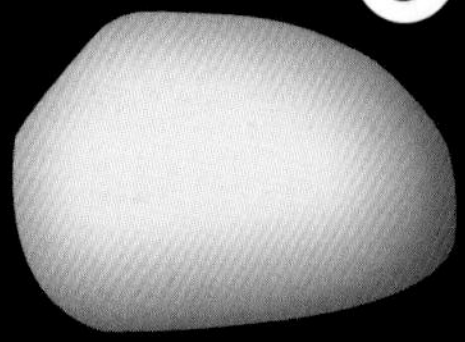 ⑦ 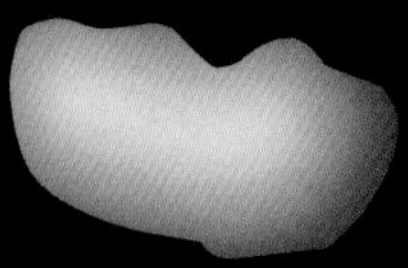 ⑧ ⑨  ⑩

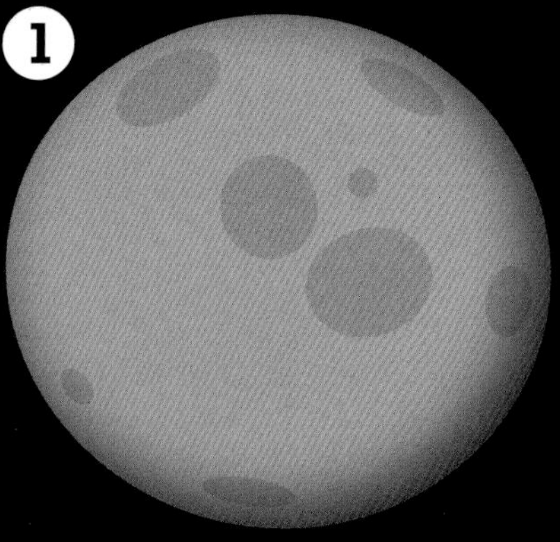

Planeta enano

El mayor objeto astronómico del cinturón de asteroides se llama **Ceres**. Tiene un diámetro de **950 km** y se avistó por primera vez en 1801. En un principio se clasificó como **asteroide,** pero en 2006 se reclasificó como **planeta enano.** Los planetas enanos son cuerpos de forma **redondeada** que **orbitan** el Sol, pero en cuya órbita también pueden encontrarse **otros objetos.**

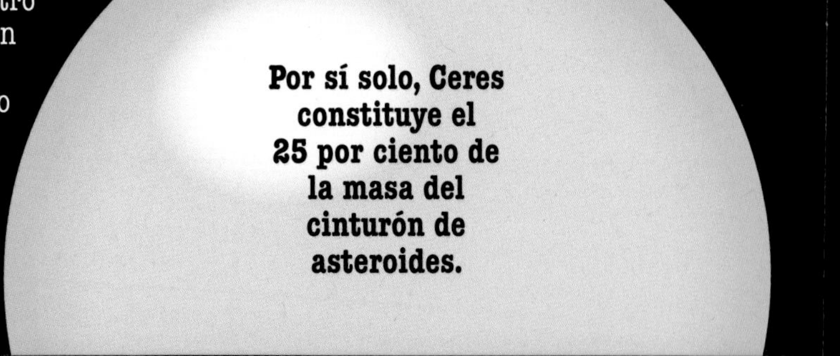

Por sí solo, Ceres constituye el **25 por ciento de** la masa del cinturón de asteroides.

LOS ASTEROIDES MÁS GRANDES (DIÁMETRO)

1. **2 Pallas – 545 km**
2. 4 Vesta – 530 km
3. **10 Hygiea – 407 km**
4. 511 Davida – 326 km
5. **704 Interamnia – 316 km**
6. 52 Europa – 302 km
7. **87 Sylvia – 260 km**
=8. 31 Euphrosyne – 255 km
=8. **15 Eunomia – 255 km**
10. 16 Psyche – 253 km

La mayoría de asteroides se encuentran en una zona situada entre Marte y Júpiter conocida con el nombre de **cinturón de asteroides.** Los científicos creen que el cinturón cuenta con más de 750 000 asteroides de más de 1 km de diámetro.

Sonda espacial

En noviembre de 2014, la sonda Philae aterrizó en el cometa 67P/Churyumov-Gerasimenko, de 4 km de diámetro, tras un viaje de 6400 millones de kilómetros.

Curiosidades sobre los cometas

Las partículas de cometas mayores de 2 mm alcanzan temperaturas de 1600 °C al entrar en la atmósfera, lo que genera estrellas fugaces.

Tamaño real

Las partículas de cometas viajan a **350 km** por segundo, velocidad con la que podrían darle la vuelta a la Tierra en **menos de dos minutos.**

Todos los días llegan a la Tierra unas 300 toneladas de polvo, en gran medida procedentes de cometas. Es aproximadamente el peso de **una ballena azul y media.**

2 min.

En 2007, se midió la cola del cometa McNaught y se obtuvo una longitud de **224 millones de kilómetros.**

La cola de los cometas

Es decir, aproximadamente 1,5 veces la distancia de la Tierra al Sol.

←----- 149 600 000 km -----→

MUNDOS LEJANOS

<‹ ······························· ›>

El exoplaneta conocido como Kepler 42 completa una órbita alrededor de su estrella en solo 4,3 horas.

Hasta hace poco, nadie había descubierto ningún planeta fuera del sistema solar. Sin embargo, en los últimos 25 años se han encontrado cientos de exoplanetas que orbitan otras estrellas; algunos de ellos se hallan entre los planetas más grandes que se han descubierto.

PZ Tel b   Júpiter   Tierra

Luna   Kepler-37b

Planeta gigante

PZ Tel b es el mayor **exoplaneta** descubierto hasta la fecha. Su masa es **36 veces** superior a la de Júpiter y orbita alrededor de una estrella llamada PZ Telescopii.

Kepler-37b

Uno de los planetas más pequeños que se conocen es Kepler-37b. Su tamaño es aproximadamente el de la Luna, su año dura solo 13 días y la temperatura en su superficie es de 425 °C.

PZ Tel b orbita su estrella a 18 veces la distancia entre el Sol y la Tierra. Los astrónomos llaman **unidad astronómica** (AU) a la distancia del Sol a la Tierra.

PZ Telescopii y su planeta gigante se encuentran a unos **175 años luz** de la Tierra y pueden verse en la constelación del Telescopio.

‹- 18 AU

‹- 1 AU

Kepler-78b se descubrió en 2013 y es del mismo tamaño que la Tierra, pero orbita su estrella en solo 8,5 horas y la temperatura en su superficie es de **2826 °C**: hace tanto calor que se fundiría el hierro.

Un planeta incandescente

LOS EXOPLANETAS MÁS GRANDES

(N.º DE VECES EL TAMAÑO DE LA TIERRA)

1. **PZ Tel b – 27,1**
2. **CT Cha b – 24,64**
3. **HAT-P-32 b – 22,81**
4. **WASP-17 b – 22,3**
=5. **KOI-368.01 b – 20,5**
=5. **WASP-76 – 20,5**
7. **HAT-P33 b – 20,46**
8. **GQ Lup b – 20,16**
9. **WASP-78 b – 19,6**
10. **WASP-12 b – 19,44**

¿Cuántos?

Hasta un quinto de las estrellas similares al Sol cuentan con un planeta del tamaño de la Tierra en la zona de habitabilidad (véase página 93). Es posible que en estos planetas existan las condiciones idóneas para albergar vida.

20 %

Cómo se descubren los exoplanetas

Los exoplanetas suelen estar tan poco iluminados que no se ven directamente, así que los **astrónomos** observan sus efectos en los demás cuerpos, como la luz de las estrellas que orbitan o de otros cuerpos **más lejanos.**

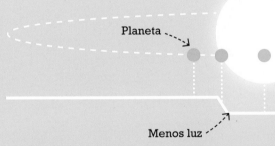

Estrella

Planeta

Menos luz

Nivel de la luz

Cuando el exoplaneta pasa **por delante** de su estrella, hace que la luz de esta sea **menos intensa.** Con este método, los astrónomos calculan el **tamaño** del exoplaneta.

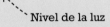

Los haces de luz se tuercen debido a la gravedad de la estrella y del planeta

Observador

Planeta

Estrella

Los haces de luz se tuercen debido a la gravedad de la estrella

Objeto lejano

La **gravedad** de la estrella desvía la trayectoria de la luz procedente de otros cuerpos más **alejados** de ella. Si la estrella tiene algún planeta orbitándola, la gravedad del planeta desviará la luz **aún más,** lo que distorsionará la imagen del cuerpo lejano.

CON BUENA ESTRELLA

El Sol es solo una estrella entre los miles de millones que componen nuestra galaxia, la Vía Láctea. En este gráfico se muestran las diez estrellas y sistemas estelares más cercanos a nosotros y la distancia en años luz (al).

9 Epsilon Eridani
Esta estrella enana naranja cuenta con un planeta del tamaño de Júpiter que la orbita.

10,552 al

15 años luz

10 años luz

5 años luz

4 Lalande 21185
Esta estrella roja pequeña tiene 10 000 millones de años y puede observarse con prismáticos.

8,29 al

3 Wolf 359
Esta estrella roja tan tenue se observó por primera vez en 1916.

7,78 al

Estrellas densas

Las estrellas de neutrones son tan densas que si se llenase una cuchara con su materia, su masa sería de 1000 millones de toneladas,

lo que equivale a más de **1500** buques cisterna gigantes cargados al máximo

5 Sirius
Este sistema cuenta con dos estrellas, Sirius A y Sirius B. Sirius A es la estrella más brillante del firmamento.

8,58 al

1 Alpha Centauri
Este sistema está formado por tres estrellas, la más cercana de las cuales es Proxima Centauri.

4,24-4,37 al

¿Qué es un año luz?

Es la distancia que recorre la luz en un año. La luz viaja a 300 000 km (unas 7,5 vueltas alrededor de la Tierra) por segundo.

7,5

**Es decir,
9 460 528 400 000 km
en un año.**

Ross 248

8

Se trata de una estrella roja pequeña, tenue y sin más estrellas que la acompañen.

10,32 al

Tipos de estrellas

Los astrónomos clasifican las estrellas en tipos espectrales, según su color, composición y temperatura. Cada tipo recibe una letra.

O — Las de clase O son azules y tienen una temperatura de hasta 50 000 °C.

B — Las de clase B son blanco azuladas, con temperatura de hasta 28 000 °C.

A — Las estrellas de clase A son blancas y tienen una temperatura de hasta 10 000 °C.

F — Las estrellas de clase F son blanco amarillentas y tienen una temperatura de hasta 7500 °C.

G — Las estrellas de clase G, como nuestro Sol, son amarillas y tienen una temperatura, de hasta 6000 °C.

K — Las de clase K son naranjas y tienen una temperatura de hasta 4900 °C.

M — Las de clase M son rojas y tienen una temperatura de hasta 3500 °C.

Estrella de Barnard

2

Esta estrella pequeña emite una luz muy tenue y no se puede ver a simple vista desde la Tierra.

5,96 al

Luyten 726

6

Este sistema está formado por dos estrellas pequeñas rojas que se orbitan mutuamente a escasa velocidad.

8-8,73 al

Ross 154

7

Es una estrella roja sin cuerpos acompañantes.

9,68 al

Lacille 9352

10

Aunque se trata de una estrella roja, es bastante luminosa y se puede observar a través de prismáticos.

10,74 al

EL TAMAÑO DEL UNIVERSO

◄ ∙∙∙∙∙∙∙∙∙∙∙∙∙∙∙∙∙∙∙∙∙∙∙∙∙∙∙∙∙∙∙∙∙∙∙∙∙∙∙ ►

El espacio es inmenso y por eso las distancias entre estrellas y galaxias se miden en años luz. Las siguientes imágenes muestran algunos de los mayores cuerpos astronómicos del sistema solar, la galaxia y más allá.

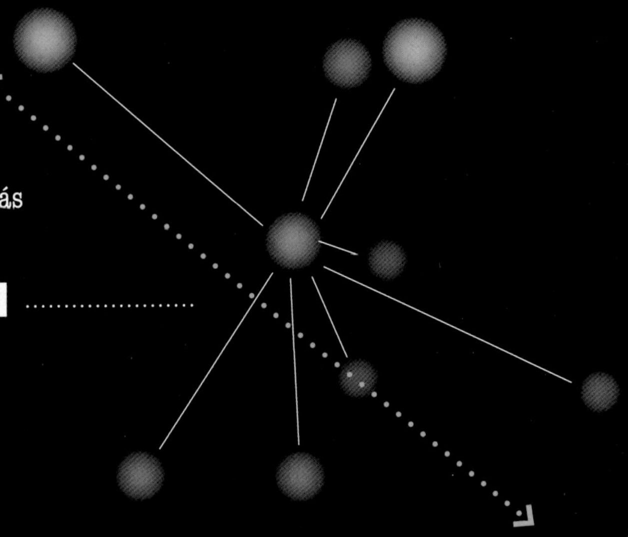

1 ## Supercúmulos
Se encuentran entre las mayores estructuras del universo. El supercúmulo Virgo está formado por más de cien grupos de galaxias, llamados cúmulos.

110 millones de al

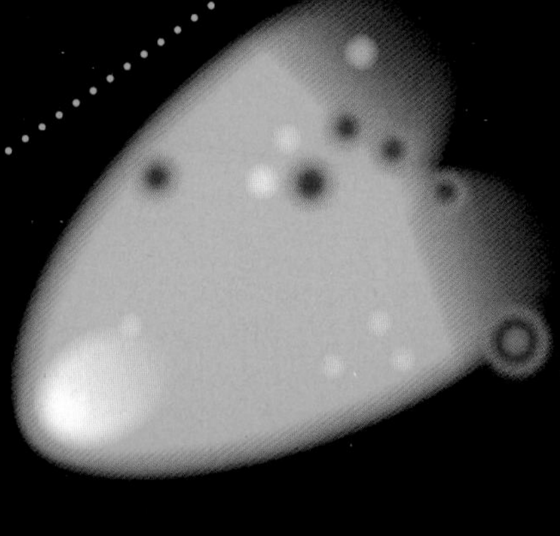

2 ## Cúmulos de galaxia
Varias galaxias juntas conforman un cúmulo. El cúmulo Virgo cuenta con hasta 2000 galaxias.

5 millones de al

3 ## Galaxias
Varias estrellas juntas componen una galaxia. Las hay de distintos tamaños y formas, pero la galaxia NGC 6872 es una de las mayores y cuenta con 2 billones de estrellas.

522 000 al

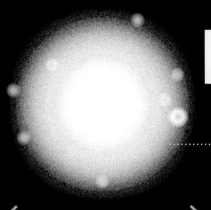

4 Cúmulos de estrellas

Dentro de las galaxias, las estrellas se desplazan en grupos llamados cúmulos. Uno de los mayores cúmulos de nuestra galaxia es uno globular llamado Omega Centauri.

230 al

5 Estrellas

Una de las mayores estrellas de nuestra galaxia es VY Cania Majoris, cuyo tamaño es 2000 veces superior al de nuestro Sol.

140 millones de km

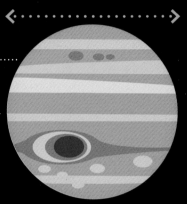

6 Planetas

Júpiter es el planeta más grande del sistema solar. Es una inmensa bola de gas con núcleo sólido.

142 984 km

7 Planetas enanos

Ceres es uno de los planetas enanos más grandes del sistema solar. Orbita alrededor del Sol en una zona llamada cinturón de asteroides.

950 km

8 Lunas

Las lunas son satélites naturales que orbitan alrededor de un planeta. La mayor de nuestro sistema solar es Ganimedes.

5 268 km

9 Asteroides

El cinturón de asteroides se sitúa entre Marte y Júpiter y contiene millones de rocas. El mayor de estos asteroides es Pallas.

545 km

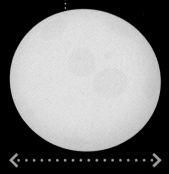

10 Cometas

El núcleo de los cometas es una especie de bola de nieve sucia compuesta por hielo y polvo. El cometa Hale-Bopp es, que se conozca, el que tiene mayor núcleo.

100 km

GLOSARIO

acrílico
Tipo de plástico ligero y resistente.

acústica
Ciencia que estudia el comportamiento de las ondas sonoras en su trayecto a través de objetos, incluido el aire.

aerodinámico
Con una forma que le permite desplazarse por el aire o el agua con facilidad.

año luz
Unidad de medida equivalente a la distancia que recorre la luz en un año: aproximadamente 9,6 billones de kilómetros.

aparato circulatorio
Conjunto de órganos, tejidos y células —incluidos el corazón y los vasos sanguíneos— que transportan la sangre, el oxígeno y los nutrientes que contiene por todo el cuerpo.

aparato digestivo
Red de órganos, tejidos y células que, conjuntamente, digieren los alimentos, extraen sus nutrientes y expulsan los desechos.

apnea dinámica
Tipo de submarinismo que consiste en intentar bucear la mayor distancia posible conteniendo la respiración, sin usar ningún tipo de aparato de oxígeno.

cartílago
Tejido flexible que sostiene determinadas partes del cuerpo, como la nariz y las orejas humanas, y, en casos concretos, el cuerpo entero, como en los tiburones y otros peces cartilaginosos.

células
Las partes más pequeñas del cuerpo. Hay muchos tipos de células y se combinan de distintas maneras para formar las estructuras corporales.

cúmulo globular
Grupo de estrellas de grandes dimensiones y densidad que orbita alrededor del centro de una galaxia.

decibelio
Unidad de medida de la intensidad o el volumen de un sonido.

depredador
Animal que caza otros animales para alimentarse.

diámetro
El ancho de un círculo o esfera, si se mide pasando por el centro.

dióxido de carbono
Gas incoloro e inodoro presente en la atmósfera.

dirigible
Tipo de aeronave.

enzima
Tipo de proteína que produce el cuerpo y que favorece determinadas reacciones químicas.

época de reproducción
Periodo del año en que los animales buscan pareja y compiten por ella y por reproducirse.

espacio presurizado
En una estación espacial, es la zona de la aeronave en la que la atmósfera se halla bajo presión y se puede respirar. En ella los astronautas pueden sobrevivir sin llevar traje espacial.

especie
Conjunto de organismos que comparten las mismas características y que son capaces de reproducirse y engendrar descendencia fértil.

esperanza de vida
La edad promedio que puede esperar vivir una persona.

estrella fugaz
Destello de luz en el cielo nocturno que normalmente se forma cuando un fragmento pequeño de roca de un asteroide o un cometa arde al entrar en la atmósfera terrestre.

estrella enana blanca
Estrella caliente y pequeña. Se trata del estadio final de la evolución de muchas estrellas.

extinción
Desaparición por completo de una especie de ser vivo.

fotosíntesis
Proceso mediante el cual las plantas emplean la energía de la luz solar para convertir el dióxido de carbono y el agua del suelo en alimento y producir oxígeno como desecho.

hectárea
Unidad de medida de la superficie. Una hectárea equivale a 10 000 m².

inflación
Aumento de los precios.

lluvia ácida
Lluvia con una alta concentración de productos químicos tóxicos que puede provocar que la lluvia actúe como un ácido, erosionando aquello que toca.

masa
La cantidad de materia de un cuerpo o cuerpos, medida en kilogramos.

migrar
Desplazarse de un lugar a otro. Los animales migran para evitar una mala climatología, para buscar alimento y agua, o para mudarse a un lugar mejor en el que criar a sus descendientes.

módulo
Parte o conjunto de partes que pueden unirse a otras para crear una estructura mayor.

músculo esquelético
Músculos unidos al esqueleto y que le dan al cuerpo su forma. Se controlan conscientemente y se mueven gracias a los mensajes procedentes del cerebro.

nanómetro
Pequeña unidad de medida que equivale a una milmillonésima parte de un metro.

neurona motora
Tipo de célula de aspecto alargado que recorre toda la columna vertebral y transporta mensajes a los músculos del cuerpo en forma de pequeñas señales eléctricas.

órgano
Parte del cuerpo que lleva a cabo determinadas tareas o funciones. Son órganos el cerebro, el corazón y el hígado, por ejemplo.

oxígeno
Gas incoloro e inodoro que compone aproximadamente el 20 % de la atmósfera terrestre.

paneles solares
Partes de una nave espacial que producen electricidad por medio de la luz del sol.

producto interior bruto
El valor total de todos los bienes y servicios. producidos en un país durante un año.

puente colgante
Puente que emplea largos cables que penden de torres y soportan una plataforma suspendida sobre el suelo.

rádula
Estructura similar a una dentadura que se encuentra en los moluscos, como los caracoles, y que se usa para rasgar el alimento.

reliquia
Restos antiguos de un santo u persona importante.

resistencia aerodinámica
Fuerza que ralentiza los objetos en su trayectoria por el aire o el agua.

sistema inmunológico
Organos, tejidos y células que protegen el cuerpo de enfermedades.

sistema solar
El Sol y todos los cuerpos que lo orbitan, incluidos planetas, planetas enanos, asteroides y cometas.

superficie alquilable
El espacio de un edificio que se puede arrendar o alquilar para tiendas u oficinas.

torre
Estructura vertical de gran altura. En los puentes colgantes, las torres sostienen los largos cables de los que pende la plataforma.

túmulo
Montículo de tierra, roca y piedra construido sobre una tumba.

ultrasonido
Sonido cuya frecuencia de vibración es superior al límite que puede percibir el oído humano.

URSS
Abreviatura de Unión de Repúblicas Socialistas Soviéticas. Nombre del estado comunista formado por Rusia y otros países colindantes.

volumen
Espacio que ocupa un cuerpo sólido, líquido o gaseoso. Se mide en centímetros cúbicos.

ÍNDICE

PÁGINAS WEB

www.guinnessworldrecords.com
Web sobre todo lo relacionado con nuevos récords. Ofrece miles de curiosidades y récords mundiales.

www.visualinformation.info
Web con mucho material infográfico sobre varios temas, como la historia natural, la ciencia, el deporte y los videojuegos.

www.coolinfographics.com
Recopilación de infografías y visualizaciones de datos de otros recursos web, revistas y periódicos.

www.dailyinfographic.com
Recopilación exhaustiva de infografías sobre una amplia variedad de temas, que se actualiza a diario.